U0499100

国家自然科学基金重点项目
"创业网络对新创企业发展的作用及影响机理"（72032007）

国家自然科学基金青年项目
"数字生态系统中'双重身份'下角色压力的战略响应与新创企业绩效研究"（72102198）

国家社会科学基金青年项目
"重点帮扶县回流人口创业促进乡村产业融合发展的机制与路径研究"（23CJY049）

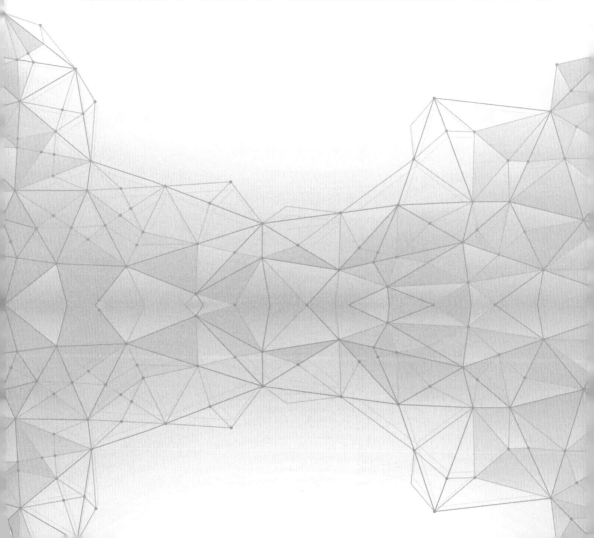

创业网络研究前沿系列

The Resource Combination Effect of
ENTREPRENEURIAL
NETWORK

创业网络的
资源组合效应

吴言波 宋 帅 韩 炜 ◎著

中国财经出版传媒集团

经济科学出版社
Economic Science Press

·北京·

图书在版编目（CIP）数据

创业网络的资源组合效应／吴言波，宋帅，韩炜著.
北京 ： 经济科学出版社，2025.3. -- （创业网络研究前
沿系列）. -- ISBN 978 - 7 - 5218 - 6800 - 5

Ⅰ. F272.2

中国国家版本馆 CIP 数据核字第 2025MY1892 号

责任编辑：刘　丽
责任校对：靳玉环
责任印制：范　艳

创业网络的资源组合效应

CHUANGYE WANGLUO DE ZIYUAN ZUHE XIAOYING
吴言波　宋　帅　韩　炜　著
经济科学出版社出版、发行　新华书店经销
社址：北京市海淀区阜成路甲 28 号　邮编：100142
总编部电话：010 - 88191217　发行部电话：010 - 88191522
网址：www. esp. com. cn
电子邮箱：esp@ esp. com. cn
天猫网店：经济科学出版社旗舰店
网址：http：//jjkxcbs. tmall. com
北京季蜂印刷有限公司印装
710×1000　16 开　14 印张　200000 字
2025 年 3 月第 1 版　2025 年 3 月第 1 次印刷
ISBN 978 - 7 - 5218 - 6800 - 5　定价：78.00 元
（图书出现印装问题，本社负责调换。电话：010 - 88191545）
（版权所有　侵权必究　打击盗版　举报热线：010 - 88191661
QQ：2242791300　营销中心电话：010 - 88191537
电子邮箱：dbts@ esp. com. cn）

总　序

    基于互联网、信息技术和数字技术等新兴技术的进步和应用普及，平台化和网络化是新创企业在组织管理方面表现出的新特征和新动向。从全球范围来看，IBM 发布的《全球 CEO 调查报告》（2018）显示，在过去的三年中，被调查企业在平台化成长方面的投资达到 1.2 万亿美元；82% 的中小企业 CEO 声称其采用了平台方式，或成为平台的主导者或融入大企业的平台网络以谋求成长；相比其他的企业成长方式，依靠平台化成长的企业能够以更快的速度实现收入与利润增长。特别是阿里、腾讯、百度、京东、小米等新兴本土企业相较于发达国家的竞争对手更早地布局基于平台的网络化成长战略，塑造了我国在电子商务领域的局部领先优势，这些新兴实践已成为国家推动并实施创新驱动发展战略的关键环节。但是，相对于实践的丰富性和领先性，有关平台情境下的创业网络与新创企业成长之间复杂联系的理论探索和总结严重滞后。以平台为情境，关注并研究创业网络如何驱动新创企业成长问题，具有重要的理论和实践价值。

    在数字经济与全球化交织的新时代，创业活动已不再是孤立的商业行为，而是一种嵌入于复杂网络中的动态战略行动。正是在这一背景下，创业网络研究以嵌入性为理论根基，着重围绕网络主体间、联结间的交互关联性展开讨论。新创企业推动创业网络的演化以促进成长，本质上是逐步增强网络嵌入性的过程，从而塑造新创企业相对于网络中其他主体的权力优势。网络理论中的嵌入概念关注的是，个体或组织在网络中的位置所引发的掌控资源、调动他人的影响力。新创企业利用创业网络谋求成长，是以嵌入于网络中并获得"号令天下"的力量为目的，力量的获得才能促使新创企业借助创业网络进行战略布局。因此，以嵌入作为分析新创企业创业网络的理论视角，融合网络理论、战略理论与创业理论以解释新创企业成长问题，是本书构建数据库以及进行研究设计的出发点。

创业网络以关系为基本的分析单元，但不应仅关注关系内一方主体的行动，而更要关注关系双方的互动。这种互动表现在行动者双方围绕网络行为的博弈，以及由此引发的资源在行动者之间的来回往复。因此，资源组合效应是本书对创业网络之于新创企业成长的重要解释机制之一，而且这一机制伴随着创业网络的演化过程而适时动态调整。创业网络从形成到演化是与新创企业成长相伴相随的共演化过程，其中包含着新创企业通过试错、学习，从无到有地构建创业网络的过程，也包含着根据环境变化与商业模式调整所诱发的创业网络演化过程。这为我们提供了认识创业网络动态演化的过程机制，即资源组合的动态调整和新创企业的试错学习。探究新创企业在与网络伙伴的关系互动中进行资源编排与竞合动态转换，有助于丰富对创业网络形成与演化过程的理论解释。特别是在平台情境下，创业网络形成的周期缩短，演化更为频繁而快速，捕捉新创企业如何通过创业学习、试错调整等行动推动创业网络的快速形成与演化，将有助于挖掘新创企业成长过程中创业网络的动态性及其影响新创企业成长的作用机制。

创业网络从形成到演化还表现为网络治理推进的过程，其折射出新创企业对网络中关系的管理模式。传统的网络理论指出表征为频繁互动、紧密关系的强联结能够提供丰富的资源与情感支持，但在互联网平台背景下，双边市场驱动的平台企业的创业网络呈几何式增长，新创企业难以承受大规模强联结网络所带来的高治理成本，故代之以松散的网络联结提高网络治理效率。在平台情境下，创业网络治理呈现出正规化与非正规化混合的格局，这并不表现为传统治理机制中契约、信任要素的混合，而是合同、利益分配机制等正规化方式与审核制、登记制等非正规化方式的混合。网络治理方式的选择不仅与网络伙伴的类型与关系性质有关，而且与新创企业利用创业网络的战略布局有关，这凝结成了本系列丛书对创业网络治理效应的解读。

相比传统的创业网络逐步构建过程，平台情境下新创企业需要以更快的速度选择、接入网络伙伴，避免使其最初吸引的网络伙伴因网络形成的迟缓而脱离网络。新创企业的创业网络需要通过一方的基群规模形成对另一方的吸引，这种网络效应来自于新创企业能够快速联结网络伙伴并形成关系黏性，激发并维持网络效应。在传统的工业化背景下，新创企业倾向于与拥有丰富资源的高地位主体建立关系，从而获得有价值的资源。而在互联网背景下，以平台方式成长的新创企业更倾向于寻找能够与自身在价值活动上形成多种类型互补的合作伙伴。这种合作旨在共同实施价值活动，甚至允许顾客直接从伙伴手中获取价值，而非传统方式中整合伙伴资源再由新创企业向顾客传递价值。由此可见，以战略布局为导向，以快速、松散的方式建立蕴含多种类型价值活动互补的创业网络，是平台情境下新创企业依托网络实现高速成长的独特路径，非常值得关注。鉴于此，本系列丛书将创业网络研究拓展至平台生态情境，特别探讨了平台生态情境下创业网络研究的新发展。

基于前述学术认知与判断，2020 年我设计的课题"创业网络对新创企业发展的作用及影响机理"获得国家自然科学基金重点项目资助，在研究过程中不断向专家请教学习，努力克服创业网络研究中的样本收集、变量测量等问题，以及创业网络在平台情境下延伸拓展的理论挑战。创业网络研究大多采用问卷测量，且局限于对网络关系强度、密度等的刻画，而缺乏对网络内容、资源机制、治理机制等关键要素衡量，我们从这一问题破局，设计了"创业企业联盟网络数据库"和"数字创业网络数据库"。从 2017 年初步设计"创业企业联盟网络数据库"的思路与架构，到 2024 年完成"数字创业网络数据库"建设，持续 8 年多时间不断完善的数据库，为本课题研究提供了支持，也为我们观察并认识中国新兴企业的创业网络实践，特别是在互联网平台情境下探索创业网络构建、演化的新问题提供重要基础。

本课题所资助的"创业企业联盟网络数据库"建设，首先得到了浙江大学杨俊教授的指导，我们在 2017—2018 年先后三次召开研讨会，商讨并论证数据编码标准、工作手册编制、工作程序推进等重要事宜。随后，我们先后四次以该数据库开发为主题，召开创新创业前沿论坛，邀请南开大学张玉利教授、中国人民大学郭海教授、中山大学李炜文教授、上海大学于晓宇教授、暨南大学叶文平教授、华中科技大学买忆媛教授和叶竹馨教授等，基于数据库的联合开发合作机制达成共识。"数字创业网络数据库"建设（2022 年起）则得到了华中师范大学焦豪教授、浙江工商大学王节祥教授、重庆大学李小玲教授的指导，我们多次召开线上讨论会，围绕数据编码与清洗等事宜进行深入讨论。在不断的交流与讨论中，我们不断地追问什么是新创企业构建创业网络的微观基础条件，新创企业如何撬动创业网络中的多主体间的资源组合，如何治理创业网络以促进创业网络向有利于企业成长的方向演化，创业网络又怎样在平台生态情境下拓展。于是，我们结合两大数据库的统计分析，从四个方面讨论创业网络之于新创企业发展的作用。由此所凝结出的这一系列丛书共四部，分别从战略组织基础、资源组合效应、治理效能机制以及平台生态发展四个维度展开论述，共同构成了创业网络研究的整体逻辑框架，为创业网络的多维机制及其对企业绩效的影响提供了深刻而系统的学理阐释。

1. 战略组织基础：网络构建的微观根基

《创业网络的战略组织基础》从战略与组织的双重视角出发，探讨了新创企业如何通过构建联盟网络来实现商业模式创新与价值共创。研究者深入剖析了创业者及其高管团队和董事会在主动构建与整合网络关系中的关键作用。通过构建创业板上市企业联盟网络数据库，实证揭示了个体层面（如领导者的经验、规模、对外任职等）与组织战略导向对联盟网络形成、演化及企业绩效之间的内在联系。该书不仅为创业网络的形成机制提供了微观逻辑支持，也为后续对资源整合和治理机制的探讨奠定了坚实基础。

2. 资源组合效应：突破新创企业成长瓶颈

《创业网络的资源组合效应》聚焦于资源约束这一新创企业普遍面临的困境。借助创业板企业的样本数据，详细考察了创业企业如何利用联盟组合的多样性（无论是资源属性还是功能属性的多样性）实现资源获取、跨界融合与创新成长。该书既考察了静态视角下联盟组合多样性与企业经营绩效之间的非线性关系，又从动态角度分析了联盟重构对企业业绩的影响，并引入战略柔性概念探讨企业如何在动态竞争中灵活调整资源配置。通过实证验证，该书为资源基础理论在创业网络中的应用提供了新视角，同时也为企业应对环境不确定性提供了战略启示。

3. 治理效能机制：协调与控制的新范式

《创业网络的治理效能机制》则将视野拓宽到网络治理问题。在企业边界日趋模糊、各类组织间关系日益复杂的背景下，如何协调网络中各主体的利益、实现资源与能力的最优配置成为关键挑战。该书分别从股权治理和非股权治理两个层面，系统阐释了联盟网络中治理策略对企业绩效及创新成果的影响机制；同时，又在平台网络情境下探讨了界面治理、过程治理与关系治理等多重治理模式在数字经济环境下的适用性与效应。通过理论构建与基于大样本数据库的实证检验，该书为联盟网络治理及平台网络治理提供了理论解释和实践参考，揭示了治理策略选择对新创企业成长的深层次影响。

4. 平台生态发展：数字化转型下的网络重构

《创业网络的平台生态发展》立足于数字经济背景，探讨了基于数字平台的创业网络新形态。移动互联网和信息技术的深度融合，催生了移动应用等数字产品的快速迭代，也为数字创业者提供了全新的商业模式与网络构建路径。该书通过构建覆盖全球多国、多个品类的"数字创业网络数据库"，从技术创新、商业模式创新、广告网络构建以及同群网络关系四个角度，系统剖析了数字平台情境下创业网络的形成机制和绩效作用。该书不仅揭示了数字平台如何重塑创业生态，也为理解数字化转型过程中企业间关系的演化提供了可观测、可操作的理论工具。

本系列丛书整体构建了一个从微观个体与组织行为到宏观平台生态的创业网络研究体系，既关注创业网络的战略组织与资源整合基础，又深入探讨了网络治理与数字平台背景下的创新模式。各部著作既相互独立，又内在联系，共同回应了新创企业在资源有限、竞争激烈和数字化转型背景下如何通过构建和优化创业网络实现突破性发展的核心命题。本系列丛书的理论创新与实证研究不仅为创业网络及相关领域的学术研究提供了丰富的理论视角和数据支持，也为创业实践者、政策制定者及企业管理者在制定战略和优化资源配置时提供了重要参考。本系列丛书在设计、写作和修改过程中，得到了不少业界同行和朋友的指导和帮助，在此一并感谢。特别感谢南开大学张玉利教授、吉林大学蔡莉教授等资深专家在本系列丛书所依托数据库建设中给予我们的学术指导。

我总体设计了"创业企业联盟网络数据库"和"数字创业网络数据库"的架构，特别感谢在"创业企业联盟网络数据库"编码过程中负责组建编码团队、组织变量编码与信效度检验的西南政法大学胡新华教授、邓渝教授、周杰教授，以及在"数字创业网络数据库"编码过程中负责组建编码团队、组织变量编码与清洗的西南政法大学刘璘琳副教授、张兢博士。特别感谢参与两个数据库编码的各位同学：黄小凤、喻毅、姜天琦、齐淑芳、周月姣、姚博闻、蒙怡霏、彭惠娟、阳圆、张叶、刘希睿、付奕钰、熊言熙、刘涵睿、陈宇娇、高淋、周芊、周奕杜、黄海娟、周埝桦、刘俊荣、石一伶、宁婕、周玉婷、周明月、罗诗雅、秦明星、殷婕、李可、印佳欣、张玉、阙小钧、曾蕾、萧皓天、伍小康。

未来，随着数字经济的不断深入发展与平台生态的持续演变，创业网络的构建与治理问题仍将呈现出新的研究情境和挑战，期望本系列丛书能够激发更多学者和实践者关注这一前沿领域，推动理论与实践的深度融合与共同进步。

韩炜

西南政法大学商学院

2025 年 1 月 30 日于重庆

前　言

　　创业企业已经成为全球经济增长引擎的重要驱动力，然而经济前景的较高不确定性，致使创业企业在动态环境中"挣扎着竞争"。同时，创业企业还普遍面临"新生弱性"与"小而弱性"的双重压力，造成创业企业容易在创业初期陷入资源约束"陷阱"。因此，如何帮助创业企业突破资源瓶颈，成为创业领域研究的一个焦点问题。创业网络正是创业企业捕获多样性资源和信息的重要抓手，它使不同领域或者跨越不同认知结构的企业结成联盟网络关系，可以有效增强不同资源之间新的横向与纵向融合，进而实现创业企业成长。资源基础理论的研究已经表明，创业企业构建或加入创业网络，可以使创业企业获取各种创新机会和创新成长选择，并跨越组织和技术边界，捕获非冗余知识、能力等宝贵资源。创业网络成为研究创业企业创建和成长问题的关键视角，解释创业企业如何利用创业网络实现竞争优势的内在机理，成为创业研究的热点话题和重要方向。

　　而对于创业网络的研究，可以追溯到 2016 年博士研究生阶段的经历。自此以后，我开始深入探索创业者在创建和发展企业过程中所依赖的各种网络关系。这些网络不仅包括传统的商业伙伴关系，还涉及更广泛的社会关系，如政府、投资者、同行和科研机构等。在研究过程中，我发现创业网络在创业者获取资源、建立信誉和促进创新等方面扮演着至关重要的角色。然而，创业网络也存在着复杂性和动态性，使得创业者需要不断地调整和优化网络关系以适应不断变化的市场环境。基于以上观察，提出了几个值得进一步探讨的研究问题。首先，创业网络的构成要素是什么？这些要素如何相互作用以支持创业活动？其次，创业者如何识别和建立有价值的网络关系？再者，创业网络对于创业成功的影响是什么？是否存在某些网络特征与创业绩效之间存在显著关联？为了解答这些问题，我开始深入研究创业网络的演化过程、形成机制以及与创业绩效的关系。希望通过这些研究，能够为创业者提供有益的指导和启示，帮助他们更好地构建和管理自己的网络关系。同时，也希望为政策制定者提供依据，以制定出有利于创业网络发展的政策和措施，进一步推动创新创业的发展。

对于上述问题，学术界开始围绕创业网络与企业成长的关系进行探索。传统的创业网络研究较多地关注创业企业如何搜寻或筛选伙伴来构建创业网络，以及如何维系创业网络关系，并推动创业网络对绩效的作用规律。然而，创业网络本身所具有的多层次性，如组织间网络或个体化网络；网络呈现的多类型特征，如同业联盟组合、异业联盟组合、标准联盟组合等，使得创业网络与企业成长之间的关系扑朔迷离。针对这些创业网络的典型特征，学者们从网络理论、战略管理理论、组织理论、创业理论等不同角度给出理论解释。基于这些理论，本书围绕三个主要问题展开，每个问题都代表了创业网络在生命周期中的一个重要阶段和挑战：创业企业为何建立联盟组合；创业企业如何选择多样性联盟组合；创业企业如何持续地管理其联盟组合。本书依托创业板上市数据库展开统计分析，所得到的结论能够对上述问题的回答提供经验证据，为厘清创业网络与创业企业成长的关系，建立创业企业成长实践的网络基础探索方向。

基于创业板挂牌企业，本书发现：第一，创业板上市的创业企业，有效获得了金融融资以促进企业的发展，但是这种情况受到多种因素的影响。从企业层面上来看，创业企业地域差异、行业差异以及企业成立年限对创业企业总资产收入、营业收入以及研发投入具有一定影响。即在华北地区、华东地区、华南地区以及部分东北地区的创业企业在总资产收入、营业收入以及研发投入上要优于中西部地区企业；战略性新兴相关产业的总资产收入和营业收入要低于非战略性新兴产业，而研发投入要高于非战略性新兴产业；高年限创业企业的总资产收入、营业收入、研发投入水平要低于低年限创业企业的营业收入、总资产收入和研发投入水平。从行业层面上来看，绩效差距、市场竞争对创业企业经营业绩和创新业绩的角色与作用非常值得关注。即绩效差距为绩效顺差的创业企业的总资产收入、营业收入以及研发投入要高于绩效差距为绩效逆差的创业企业的总资产收入、营业收入以及研发投入；市场竞争程度与创业企业的总资产收入、营业收入之间呈现"先增后减"的倒 U 型关系；市场竞争程度与创业企业的研发投入之间呈现负增长趋势。

第二，对于创业企业而言，资源弱性和新生劣势是难以绕开的问题，因此，创业企业通过联盟组合来获取多样性知识和资源的重要性不言而喻。从资源效应来看，创业企业联盟组合资源多样性对创业企业经营和创新绩效具有重要影响。即对于初创型企业，联盟组合资源多样性与创业企业总资产收入、营业收入以及研发投入之间存在倒 U 型关系。从功能效应来看，创业企业联盟组合功能多样性对创业企业经营和创新绩效具有重要影响。即对于初创型企业，联盟组合功能多样性与创业企业总资产收入、营业收入之间不存在影响关系；而联盟组合功能多样性与创业企业研发投入之间存在倒 U 型关系。

第三，联盟组合重构是动态视角下的联盟组合研究领域，主要是为了应对迅速变化的环境，在原有的联盟组合构造中增加一个或多个新的联盟，这可能表现为引入新的联盟伙伴或获取一种新的资源。因此，创业企业通过"创造性颠覆"来创造柔性组织，以及获取新颖的、有价值的异质性资源和知识的重要性不言而喻。即对于初创型企业，联盟组合重构中新伙伴—新资源与创业企业总资产收入、营业收入以及研发投入之间存在 U 型关系；联盟组合中旧伙伴—新资源分别与总资产收入、营业收入、研发投入之间存在显著的负向关系；联盟组合新伙伴—旧资源与创业企业总资产收入、营业收入之间存在正向关系，而联盟组合新伙伴—旧资源与创业企业研发投入之间存在倒 U 型关系。

第四，在数字经济时代，创业企业成长需要协调和整合内外部的知识和资源，同时还需要及时调整企业策略导向、组织架构等。因此，创业企业是否组建或加入联盟组合中，都涉及创业企业的战略柔性。首先，创业企业联盟组合的资源机制和功能机制在资源柔性上，则是需要相应的多样性，以此有机会获取外部的政策支持和资源，实现资源捕获和资源转化。其次，联盟组合重构对战略柔性的重要性不言而喻。在联盟组合中，新伙伴—新资源的更新，有助于在联盟组合中构建相应的资源柔性，以及兼顾资源柔性和协调柔性的组织模式；在联盟组合中旧伙伴—新资源的更新，有助于在联盟组合中构建兼顾资源柔性和协调柔性的组织模式；联盟组合中新伙伴—旧资源，可能在一定程度上来说有助于协调机构的建立，但是超过一定阈值，可能不利于协调机构的建立。最后，战略柔性的提高能减少企业的资源转移费用、提高资源利用和配置效率，从而增强应对企业绩效活动中不确定性的能力。

目　录

第 1 章　创业网络之于企业的
　　　　　　重要作用

创新是引领发展的第一动力，是建设现代化经济体系的战略支撑。当前中国的科技创新步入以跟踪为主转向跟踪和并跑、领跑并存的新阶段，正处于从量的积累向质的飞跃、从点的突破向系统能力提升的重要时期。同时，全球新一轮科技革命和产业变革蓄势待发。科学技术从微观到宏观各个尺度向纵深演进，学科多点突破、交叉融合趋势日益明显。此外，当前中国经济面临供给侧结构性改革，以往中国经济高速增长主要依靠出口和低成本两个动力源，如今国际市场疲软，国内要素成本上升，劳动和资本的边际产出率持续下降，使得经济发展进入新常态。新常态下要实现经济可持续增长和转变发展方式，必须从传统的要素和投资驱动转换到创新驱动。

中国科学技术发展战略研究院出版的《国家创新指数报告 2016—2017》，指出：中国创新能力已处于国际中上游位置，排名第 17 位，是唯一进入前 20 位的发展中国家，知识创造、企业创新能力指标稳步提升。同时，中国企业总体创新能力稳步提升，创新投入能力前程领跑，知识产权能力后程增长明显，创新驱动能力稳步增长，但是协同创新能力有待增强。为此，企业要想在动态竞争的环境下实现技术突破、协同创新，不仅要在既定的行业结构中做好自己的角色和获得资源进行创新活动，而且要突破产业之间的藩篱，打破组织空间、地理空间的界限，跨越组织、地理有形网络和认知无形网络的锁定，集成多种知识流派，做到异业结盟，实现价值共创，进而为企业的创新奠定基础。

战略联盟作为应对外部环境变化、搜索与利用外部异质性资源，以及降低高度不确定性风险的重要战略管理手段，在早期的学术研究和实践过程中已经得到了广泛的证明和认同。而进入 21 世纪后，随着开放式创新范式和全球一体化的迅猛发展，尤其是在共享经济、平台经济等数字互联网行业，越来越多的创业企业会选择同时与多个合作伙伴保持直接的战略联盟关系，以此构建的联盟组合来维持创业企业获取持续的竞争优势。联盟组合作为战略联盟的进一步拓展和深入研究，其引起的新现象、新趋势以及伴随的管理新问题，目前已经引起了管理领域、经济领域等学者的极大关注和重视，并在战略联盟研究成果的基础上，取得了一些最新的研究成果。为此，本书基于新事物的认识、动因、路径等逻辑，围绕创业企业联盟组合概念的理论属性、创业企业联盟组合的效应机制，以及创业企业联盟组合形成与演化过程等彼此关联且逐层深入地研究，进一步梳理创业企业联盟组合与绩效之间的关联。

1.1 联盟组合概念的理论属性

在已有的研究中，联盟学者对战略联盟概念内涵的分歧与差异存在较少的争议，然而，当研究联盟组合时，来自不同研究领域的学者对联盟组合的概念内涵、构成要素、形成动因等给出了不同的解释。由此导致了现有联盟组合概念的多重性。

联盟组合的概念源于"战略联盟"的研究，其中，战略联盟主要强调异质性行为主体之间通过跨越组织边界，实现资源和知识共享。在战略联盟这一基础上，当今产业实践者和战略研究者开始逐渐重视企业之间同时保持多重合作关系的研究，即打破联盟边界，探讨多个联盟的战略、行为、治理等议题，进而聚焦于"联盟组合"的相关研究。科尼比尔（Conybeare，1994）最早提出"联盟组合"，并认为构建联盟组合，有助于减少联盟成员

"搭便车"现象所带来的损失。随后,多兹和哈默尔(Doz & Hamel,1998)进一步对联盟组合的概念进行了定义,认为:联盟组合是指焦点企业参与构建的多个双边联盟的集合。已有的学者认为,获取异质性资源和知识、降低交易成本与不确定性风险、组织之间的学习等,是组织缔结战略联盟的主要动因。这也可以用来解释联盟组合形成的原因,但联盟组合毕竟不是单个联盟的简单汇总而成,因此,在考虑联盟组合的内涵时,还需要寻找其他的原因加以解释。这在一定程度上驱使学者从不同的角度去认识联盟组合特有的内涵,同时也有助于与其他联盟现象相关的术语区分开来。

1.1.1 社会网络视角

已有的研究中,从社会网络的视角来审视联盟组合的相关文献较为丰富,这也是本书关于联盟组合内涵认识的来源。已有的研究认为,联盟组合需满足以下四个条件:第一,联盟组合是以焦点企业为自我中心型的网络;第二,所连接的联盟成员需大于两个;第三,联盟组合不同于联盟网络,所连接的联盟成员不是单个联盟的简单相加,其联盟组合不仅注重联盟成员数量,同时也注重联盟成员质量;第四,具有共同的愿景,并且目标多样性。戈梅斯-卡塞雷斯(Gomes - Casseres,1994)以自我中心型网络作为联盟组合的分析单元,认为联盟组合是以焦点企业为中心,在某一时间段内与不同企业组建具有直接联盟关系的集合。鲍姆等(Baum et al.,2000)通常借鉴联盟网络来描述企业与不同合作伙伴之间的直接联盟关系。霍夫曼(Hoffmann,2007)认为,联盟组合就是核心企业通过与自身具有直接连接的联盟成员一起,所构建的联盟网络。奥兹坎和艾森哈特(Ozcan & Eisenhardt,2009)从社会网络视角定义联盟组合,将其定义为直接联结的"自我中心型"联盟网络,即焦点企业与合作伙伴构建的具有多元联结的联盟网络。张光曦(2013)将联盟组合定义为焦点企业在同一个时间段与联盟网络内的多个合作成员之间的联盟合作行为。其中,他强调,联盟组合是在自我中心型的联盟网络中,焦点企业与联盟成员之间存在直接联系的关系聚合体。同时，一些学者将价值网络各环节上所组建的联盟的集合，来探讨联盟组合有关定义或者构成。例如，罗特海尔梅和迪埃德（Rothaermel & Deeds，2006）将联盟组合划分为上游联盟、横向联盟，以及下游联盟，其中，上游联盟是与高校、科研机构等上游价值链所构建的联盟；横向联盟主要构成是同行业等同价值链位置所构建的联盟；下游联盟则主要是以下游在位企业所构建的联盟。毛利等（Mouri et al.，2012）依据价值链上不同业务方式对联盟组合进行划分，分别为技术管理联盟（以技术研发、技术许可等为主的联盟形式）、产品开发联盟、供应链管理联盟（以供应商为主的联盟形式）、客户关系管理联盟。

另外，由于联盟组合具有多主体参与、多连接属性的特征，一些学者还从多边联盟所构建的联盟网络来解读联盟组合的网络属性。戴尔等（Dyer et al.，2008）将联盟组合定义为由多边联盟的组织形式所构成，其在不少于三个联盟成员的要求下，为了共同的目标而彼此组成的多边联盟群体。这里的多边联盟指的是联盟星群（alliance constellations）或联盟区块（alliance blocks）。由于涉及多方参与的合作伙伴，这些联盟星群或联盟区块要比传统的二元联盟在关系结构上更加复杂。虽然它们仍然是由一种联盟形式或联盟关系组成，但也并不等同于联盟组合。

1.1.2 时空分布视角

从时空分布的视角来探究联盟组合，已有研究并未给出较为清晰的定义。主要原因是，在联盟组合的某个生命周期内，焦点企业所构建的联盟组合，不仅包括仍处于活跃状态的联盟，同时还包括在某一时点上已变得并不活跃的过去的联盟。这些因素导致了联盟组合的构成或类型随着时间或空间的变换而动态调整，进而增加了联盟组合在时空分布上的复杂性和不确定性。从时空分布上来界定联盟组合，可能与其他视角上审视联盟组合侧重点不同。

从时间分布上探究联盟组合，更加注重联盟组合的形成与演化过程中动态的历史过程，因此，十分强调纵向脉络的方式来认识联盟组合。例如，海默里克斯等（Heimeriks et al.，2009）从时间视角上，指出联盟组合是焦点企业有关的联盟管理能力的形成与运用过程。黄和罗特海尔梅（Hoang & Rothaermel，2005）则将焦点企业在联盟管理过程中所形成的联盟经验的累积，作为联盟组合的定义。一些学者认为，这应该被认为是学习视角对联盟组合的定义，但这里包括的是新旧联盟之间的组合，因此，本书将之视为时间分布视角上对联盟组合的定义。符正平等（2011）从时间分布的视角对联盟组合的概念框架和过程进行了研究，即基于时间分布，将联盟组合定义为，焦点企业在过去某个时点上参与的联盟，以及焦点企业现在正在参与的某些联盟活动的集合。该定义不仅考虑了联盟组合在某一时点上的构型特征，还强调了焦点企业组建联盟组合的时序特征。同时，他还从节奏、速度、次序、同步性等角度对联盟组合在时序上的过程特征进行了剖析。具体上来说，联盟组合的活动节奏，指的是焦点企业参与联盟组合的组织活动的强度和频率，若在同一时间点上焦点企业参与联盟活动的数量一样，则联盟成员的活动节奏就变得具有规律性；反之，则不然。联盟组合活动的速度，指的是在单位时间内，焦点企业参与联盟组合的强度一样，但若速度呈现不同，则联盟组合的过程特征也不同。联盟组合的活动次序，指的是焦点企业在构建联盟组合过程中，联盟成员加入的次序的不同。联盟组合的活动次序不同，则联盟组合的过程特征也不同。联盟组合的活动同步性，主要是指通过重构联盟组合活动，以使与外界环境相匹配的活动。

而从空间分布的视角来探究联盟组合，目前学术界主要从联盟组合中国内外分布情况对其进行审视。例如，拉维尔和米勒（Lavie & Miller，2008）利用联盟组合的国际化水平对联盟组合中联盟成员的国内分布和国际分布等情况进行描述。雷伊尔和拉戈齐诺（Reuer & Ragozzino，2006）从合资企业结盟的特性出发，认为：联盟组合是焦点企业与全部国际合资企业所构建的联盟关系的集合。瓦波拉等（Vapola et al.，2010）指出，战略联盟是企业参与的所有类型的多元联结关系，其目的是通过资源或知识共享、风险共担等，来维持或者创造企业的可持续竞争优势；而联盟组合被定义为焦点企业与所有外部合作伙伴之间联盟的集合，这里的联盟关系包括国际合资企业。蒋等（Jiang et al.，2010）利用国家多元化背景等角度来衡量联盟组合的有关内涵，并指出联盟组合中国家的多样性，虽会对其产生复杂性和协调成本，但它也有助于焦点企业的知识学习和资源捕获。

1.1.3　战略管理视角

从战略管理的视角来审视联盟组合的定义，仍存在许多尚未解答的问题，即联盟组合是否适用于企业层面或业务层面，以及需要明确区分联盟组合是建立在企业层面还是业务层面，这在学术研究上仍然是不清楚的。尽管从业务战略视角来看，联盟组合包括了特定业务之间的联盟，这意味着联盟组合由来自单一业务线的联盟组成，或者联盟组合包括跨不同业务线的联盟组成。但从企业战略的视角来看，它应该包括多方组织之间所组成的所有联盟。也就是说，从理论上来讲，多方组织之间可以如它的业务联盟一样，拥有多个联盟组合。因此，从企业层面的战略视角来看，联盟组合可以看作不同企业的联盟组合的集合。与联盟网络对整体性联盟的强调不同，现有对联盟组合的研究更加注重从焦点企业的角度出发，即联盟组合的分析单元由企业级层面出发。联盟组合十分强调焦点企业与联盟成员之间共同的战略目标的实现，因此，焦点企业为了知识、信息、资源的吸收以及整合，会选择构建或者加入多个联盟集合所形成的联盟组合。班福德和厄恩斯特（Bamford & Ernst，2002）根据联盟组合战略实效性、运营有效性以及系统可调整性，来对联盟组合的战略职能进行定义。乔治等（George et al.，2001）将联盟组合定义为企业之间所签订的战略协议的组合关系的集合，并认为核心企业与多个联盟之间的嵌入关系会正向影响企业的创新能力，以及吸收能力在焦点企业所构建的联盟组合中发挥积极的促进作用。迪特里希等（Dittrich et al.，2007）通过对 IBM 转型成功案例的探究，发现：新联盟成员进入联盟组合，以及已有联盟成员的退出联盟组合，均有助于焦点企业对联盟组合实施战略变革。另外，随着联盟组合成为现实当中一种重要的战略活动，一些学者也对联盟组合的基本战略进行了归纳与整合。例如，山下等（Yamakawa et al.，2011）将联盟组合划分为探索式战略行为和利用式战略行为。霍夫曼（Hoffmann，2007）将联盟组合的战略路径总结为三个步骤，分别为：适应—塑造—稳定，并基于此将联盟组合划分为三种形式：适应性战略、塑造性战略，以及稳定性战略。麦吉尔和桑托罗（McGill & Santoro，2009）从联盟成员之间的关系视角出发，将联盟组合归纳为：集中型、对冲型、能力型，以及联合型。安德列夫斯基（Andrevski，2009）认为联盟组合可以概括为两种类型：战略型和集中型，其中，战略型主要是通过联盟组合来提升焦点企业的产品研发能力，而集中型主要是通过联盟组合来维持焦点企业的市场地位。

综上所述，不同研究领域的学者在不同理论视角的指导下，对联盟组合的不同含义进行探究。例如，社会网络视角下，联盟组合被认为是焦点企业所构建的具有直接联结的"自我中心型"网络。从这一视角来看，其定义的相似性，容易导致联盟网络与联盟组合之间产生混淆。但是，二者仍存在本质上的不同。第一，联盟组合是"自我中心型"网络，存在焦点企业与所有网络的直接连接；而联盟网络是没有焦点企业的所有网络的组成。可见，联盟网络是指网络中所有企业之间交互后所形成的外部现象；而联盟组合则强调核心主体存在的战略特征，探究的是核心主体与外部成员之间构建的多边联盟。第二，联盟网络与联盟组合在形成前提存在异质性。部分学者对联盟组合定义时，指出联盟组合是焦点企业为了特定项目的实施而构建的一组特定联盟。若联盟网络是为完成整体的项目而组成的网络，则联盟组合仅仅是其中项目的一部分。已有文献表明，焦点企业通过联盟重构引入新的联盟成员，目的是补充异质性联盟资源或者替代同质性联盟资源，并在筛选联盟成员的过程中实现多联盟直接交互或者交织，形成联盟组合。因此，为了克服现有文献的不足和局限性，未来联盟组合研究还需要注意使用多种含义之间术语的区别。此外，根据已有的透镜理论，未来的研究必须明确以下内容：包括或排除的焦点企业所构建的联盟类型；联盟组合是否适合运用于企业层面或业务层面；从时间分布视角来审视联盟组合，是否包括过去不活跃的联盟。由于本书的研究目的是通过现有的知识视角去识别、审视，以及组织焦点企业参与多个联盟所引起的有关问题，因此，本书特意采用了现有学术界广泛使用的联盟组合定义，其中还包括与联盟组合现象相近的一些研究结论，比如多边联盟、联盟网络等。为此，本书认为创业企业联盟组合是以创业企业为核心，并在同一时间段与多个外部伙伴保持直接的可持续联盟关系的所有集合。

1.2 创业企业联盟组合的效应机制

创业企业建立并发展联盟组合的最终目的是促进创业成功，因此联盟组合如何更有利于推动创业活动的顺利开展并实现创业目标，是创业企业探索联盟组合效应机制的根本问题。这意味着解读创业企业联盟组合的效应机制，核心在于剖析联盟组合的功能逻辑。

1.2.1 联盟组合的功能逻辑

关于联盟组合在创业企业成长过程中的资源功能和声誉功能已得到大量研究的论证，且已有研究认同联盟组合之于创业企业成长的功能逻辑（Larson & Starr，1993；Hite & Hesterly，2001；Jack，2005，2010；Lechner & Dowling，2003；Slotte - Kock & Coviello，2010；Vissa，2012）。从资源层面来看，个人化的、非个人化的关系被认为是创业者获取多种外部资源的途径。网络之于创业者的一项关键功能在于为创业者提供资源、信息与咨询建议（Freeman，1999；Ozgen & Baron，2007）。而对网络的依赖并不会成为创业者在初创阶段的局限，因为具有新进入缺陷的创业者非常需要商业信息、咨询建议、问题解决方案以及能够接入多种资源的网络联结。联盟组合的另一项关键功能还在于声誉与信号（Deeds et al.，1997；Elfring &

Hulsink，2003；Higgins & Gulati，2003）。在众多创业活动不断涌现的不确定性条件下，资源提供者愿意为创业企业提供资源，取决于其能够搜寻到用以判断哪些创业企业更具有投资价值的信息。在这种情况下，创业者通过与有声望的个体、高地位的组织建立网络联结，能够向资源提供者传递高价值的声誉信号，从而获得显性的证明以提高合法性（Baum et al.，2000；George et al.，2016）。因此，从已有研究来看，联盟组合的功能逻辑在于，经由网络联结渠道获取用以支撑创业活动的资源，借助网络中蕴含的高地位主体获得合法性，从而有利于创业企业生成与成长。

在平台情境下，联盟组合的功能逻辑正在发生变化。一方面，创业企业为了支撑其平台商业模式，所联结的大规模用户和互补者并不具有高质量的充裕资源，反而可能是闲置的、劣质的资源（如淘宝平台的卖家、滴滴快车司机等）；另一方面，创业企业的联盟组合中可能并不拥有高地位、高声望的个体或组织来彰显其合法性，反而可能是低地位的底层用户（如Facebook 用户、Airbnb 用户等）。这意味着，资源功能和声誉功能不再是平台情境下创业企业联盟组合效应的主导逻辑，代之以多类型主体参与价值共创的互补功能逻辑（Spigel，2017）。这一逻辑在新近关于平台企业成长的研究中得到支持，如雅可比等（Jacobides et al.，2018）指出，平台企业与互补者之间可能存在独特互补（unique complementary）与超模块互补（supermodular complementary）两种类型，这有助于解释平台企业的绩效。然而，相关研究仅仅止步于提出平台情境下联盟组合的互补功能，并未对其功能效应进行实证检验，这也有待后续研究的补足。

1.2.2 联盟组合的结果效应

关注联盟组合的效应机制，意在挖掘联盟组合所能引发的结果，即以联盟组合为自变量的研究（Hoang & Antoncic，2003）。从联盟组合的功能来看，无论是传统观点所支持的资源与声誉功能，还是新近研究所主张的互补功能，联盟组合以推动创业进程为目标，因而创业过程中的里程碑事件及其引发的创业企业绩效得到已有研究的最多关注。围绕创业过程中的里程碑事件，已有研究多使用获得融资（Hallen，2008）、雇用员工（Elfring & Hulsink，2003）、开发商业计划（Oparaocha，2015）、新产品发布（Haeussler et al.，2012；Soh，2003）等来衡量，而这些事件反映出的创业进程进一步影响到创业企业生成。因此，经由里程碑事件，以联盟组合为自变量的研究主要聚焦于对创业企业生成的解释。围绕创业企业绩效，相关研究多使用财务指标，如收入、利润、现金流等，也有研究将财务指标与里程碑事件结合起来，利用获得某项财务指标的事件或时间衡量创业企业绩效，如获得首笔销售收入、实现正向的现金流等。

在对联盟组合的结果效应进行操作化衡量基础上，已有研究进一步探讨了联盟组合引发结果效应的作用机制，这呈现出三方面的研究内容。首先，相关研究探索了联盟组合的哪些结构、内容或特征会对上述创业结果产生影响。由于联盟组合所能提供的资源与信息是推动创业企业快速达成前述结果指标的底层逻辑，因此大量研究试图证明易于诱发资源供给的网络规模、网络强度、联结关系多样性、关系质量等网络特征在影响结果效应实现中的积极作用（Letaifa & Goglio‐Primard，2016）。其次，已有研究尝试提炼联盟组合效应机制的理论边界，揭示出宏观层面的制度环境（Batjargal，2010；Batjargal et al.，2013），微观层面的创业企业类型、联盟组合资源类型等构成联盟组合效应机制的边界条件。后续仍需要丰富对联盟组合效应机制的边界讨论，为效应机制不一致的研究结论提供解释。例如，泽姆劳（Semrau，2012）和维尔纳（Werner，2013）的研究指出，联盟组合的规模特征、关系质量与表现为财务资本与商业关联的绩效之间存在倒 U 型曲线关系。这可能存在边界条件的影响，也说明有必要对联盟组合的效应机制展开包含多视角下边界约束的深入讨论。最后，当前研究正努力探索联盟组合如何带来结果效应的过程机制，而不局限于揭示联盟组合是否带来结果效应的一般性结论。例如，费舍尔和诺伊贝特（Fisher & Neubert，2023）采用聚焦纵向过程的研究设计，探讨了创业者如何利用联盟组合实现关键里程碑事件的过程。过程研究有助于挖掘超越因果关系的丰富结论，他们系列研究不仅刻画了联盟组合日益增强的异质性对创业企业生成的影响，也展示出联盟组合联结的异质性能够削弱过度嵌入和嵌入不足所引发的问题，形成网络异质性程度诱发结果效应的更为充裕的理论解释。

综上，联盟组合效应机制非常复杂，特别是在联盟组合的功能逻辑因情境而变化，联盟组合的研究内容因情境而丰富的情况下，其影响创业企业生成与成长的作用更难以识别。这意味着，有必要在充分考虑各类情境要素，如环境因素、创业者或高管团队特质因素、企业商业模式因素等基础上，提炼联盟组合的功能逻辑，建构联盟组合功能诱发的结果效应机制。联盟组合的效应机制还是一个"诱因—结果"过程，连接诱因与结果的中间过程尚未得到已有研究的充分关注与挖掘，因而需要基于过程视角，探索"驱动因素—过程机制—结果效应"的一般规律，丰富对联盟组合效应机制的解读。

1.3 创业企业联盟组合的形成与演化过程

在创业企业联盟组合中，需要了解的一个问题是：创业企业为什么要建立联盟组合？但是，这个问题与联盟有关文献中所讨论的"创业企业为什么加入联盟"和"联盟网络如何在行业分析层面上出现"两个问题有所不同。事实上，传统联盟文献的一个重要部分集中在单个联盟的形成上，并解释了创业企业为什么加入战略联盟，以及他们选择谁作为联盟伙伴。早期的时候，学者们在研究战略联盟形成的时候，主要从交易成本理论视角或者资源基础观视角出发，认为创业企业加入战略联盟的主要动机是寻求交易成本最小化，或者获取外部异质性资源和知识（Das & Teng，2000；Jarillo，1988）。但是，在实际中，创业企业形成战略联盟的动因是多方面的，例如，从联盟伙伴处获取新颖的有价值的资源、降低交易成本、向联盟成员学习、未来联盟扩张时所面临的不确定性问题、提升市场中的竞争位势等（Wassmer，2010；王国红等，2020）。由于联盟组合实质上是各种形式的个体联盟所集合的结果，而每个联盟都有各自的动机和目的，因此，个体联盟目的和联盟组合战略之间的重要联系就是业务层面的战略部署。从一定程度上来说，个体联盟之间的动因也可以用来解释联盟组合的成因。但是，需要注意的是，联盟组合毕竟不是个体联盟之间的简单加总，很可能联盟组合也存在自身特殊的形成动因。故此，现有的学者也从不同的视角对联盟组合的形成动因进行分析。

1.3.1 交易成本理论

交易成本经济学将联盟组合视为一种混合式治理结构，认为焦点企业构建联盟组合的原因是为了降低交易成本。根据交易成本经济学，分布于组织内外部的成员之间进行经济交易，而联盟组合在最小化交易成本时要比市场或者等级制度更加有效，因为联盟组合是焦点企业为使交易成本之和最小化而进行活动的产物。正如乔治等（George et al.，2001）的研究，对联盟交易的一系列运作与变革，焦点企业可以提前识别各类风险和潜在的不确定性，并加以应对。同时，交易成本经济学还指出，市场、联盟、企业内部化是经济活动展开过程中企业运行的三大类型。其中，在市场交易过程中存在较多的不确定性；而缔结联盟可以降低企业在交易过程中的不确定性；同时企业还可以选择并购形式，将有关交易内部化，进而消除企业面临的不确定性。

1.3.2 资源依赖理论

资源依赖理论认为，外部环境中的稀缺资源是企业获取可持续竞争优势的重要因素，而企业若想获取长期性的稀缺资源，以及降低外部环境中异质性资源的依赖程度，必须建立一种保障机制来稳定外部资源的供给。企业与其他企业建立联系，是为了最大化权力因素、缓解环境控制压力，以及获取资源。而为了获取可持续的竞争优势，企业也必须不断地从不确定性或不稳定性的环境中获取必不可少的稀缺资源。例如，爱德华和戈维亚（Aduard & Gouvêa，2010）认为，发展中国家的企业需要与国外的大企业建立联盟组合关系，这样可以为发展中国家的企业带来更优质的市场资源，以及有价值的先进技术，从而有助于企业的国际化竞争力的提升。安纳德和康纳（Anand & Khanna，2000）认为，焦点企业与不同联盟成员所形成的多个联盟，有助于企业同时获取多个独特性资源。因此，企业为了应对这种不确定环境，会试图通过建立跨组织之间的联系来获得权力以获取有关环境中的异质性资源和新颖性信息，以及协调相互依存中的竞争关系，或者减少竞争不确定性。此外，一些学者将联盟组合产生的原因归咎于焦点企业的战略倾向，认为它是联盟组合形成动因的直接驱动力。例如，马里诺等（Marino et al.，2002）认为，若焦点企业自身存在较强的创业导向和进取性，往往会更为深入地关注联盟组合的发展前景，因此，也更加有可能构建联盟组合。希金斯和古拉蒂（Higgins & Gulati，2003）的研究指出，创业企业进行 IPO 的重要手段是形成联盟组合，通过与优质企业之间的结盟，可以向市场提供良好的企业业绩形象，进而有助于在股市上实现正面信号的反馈。拉维（Lavie，2007）认为，焦点企业建立联盟组合的原因，是为了稳定获取自身不可控制的资源，并且将资源进行重构后达到价值创造和创新能力提升。因此，焦点企业更加偏向于经验丰富和具有资源禀赋优势的企业结成联盟组合关系。但是，现有研究发现，从资源依赖理论来审视联盟组合的形成动因，只能解释焦点企业与资源禀赋优势的企业之间所构建的联盟组合情形，而无法解释焦点企业与资源禀赋贫乏的联盟成员之间所构建的联盟组合的现象。

1.3.3 公司治理理论

已有的研究在审视联盟组合时，建立在有限理性的基础上，其目的是股东利益的战略原因来建立联盟组合。但是，最近的研究质疑了这一逻辑，并从公司治理的视角来审查建立联盟组合的过程。公司治理理论的基础是代理理论，而代理理论的视角来审视与企业之间的结盟关系，却存在着所有权和经营权分离前提下的代理风险问题，即联盟组合形成和扩建过程中是否存在管理者自身谋取私利情况的现实问题，进而损害焦点企业及其股东的利益。专业化分工经济时代，联盟组合中互补性资源、知识共享等因素的影响下，进一步促进了联盟成员间分工合作的细化。然而，作为跨组织边界的联盟组合，互补性资源和知识共享可能会导致溢出效应的产生，再加上联盟组合中缺乏传统科层制度对联盟成员之间的关系进行协调，以及联盟成员间在合作过程中可能存在不完全的契约约束，因此，会使得联盟组合中产生机会主义行为，进而增加内生交易费用，影响联盟稳定性。而从公司治理视角的角度来审视联盟组合，有助于联盟成员之间形成"自我约束"机制，提高联盟组合的合作关系质量。

1.3.4 匹配理论

匹配理论在经济学和社会学领域中，常被用来研究雇主—雇员之间的匹配。它的基本原则是，其理论需要同时解决所有各方的偏好、机会和制约因素，而所使用的方法是各方都重视的特征或资源的数据。从匹配视角来审视联盟组合，当焦点企业和三个或三个以上的组织均认同合作是有益的，就形成了联盟组合，因此，组织目标和外部机会共同决定了联盟组合的形成。匹配理论的逻辑是，组织形成具有相互匹配的资源的逻辑。而要进行匹配，一个给定的组织需要获得某个资源往往是不够的，因为拥有该资源的组织还必须获取该给定组织所提供的回报才行。组织特征在群体中的分布形成了潜在联盟伙伴集合，决定了每个组织与理想伙伴的距离。匹配质量取决于联盟伙伴所携带的所需特征，但参与者寻找稀缺特征时，其匹配的效果往往会比寻找普通特征时的效果更差。因此，匹配理论并不意味着所匹配的联盟成员是最完美的，只意味着联盟成员匹配将会尽可能地做到最好。例如，王和扎伊克（Wang & Zajac，2007）在分析美国大企业对联盟形成和收购之间的选择时，若企业之间属于同一行业时，他们之间的竞争会导致利益冲突，从而使企业更有可能选择等级治理形式（即收购），而不是合作（即联盟）。罗瑟梅尔和伯克尔（Rothaermel & Boeker，2008）使用了一种技术相似性度量方法，发现在相互引用专利且具有类似专利的企业之间，容易产生联盟行为。这些研究表明了联盟组合形成中的匹配问题，但是研究结果并没有所期望的那么具体。

1.3.5　社会网络理论

社会网络理论，又被称为社会交换理论（social exchange theory）和关系理论（personal relationship）。实际上，这两种理论均来源社会网络理论观察的不同视角，可以简单地认为是内容与载体之间的关系。社会网络理论的核心思想是，焦点企业通过构建联盟组合，实现对某一社会网络的嵌入来获取有价值的社会资本，进而获取可持续的竞争优势。因此，该理论强调的是企业竞争优势来源于社会资本，而构建联盟组合动因的现实约束是社会关系。也就是说，社会资本和社会嵌入性是探究联盟组合形成动因的两个重要因素。从社会资本视角来看，焦点企业构建联盟组合，可以拓展自己的关系网络，而关系网络从一定程度上来讲是社会资本的来源，同时，焦点企业还可以利用联盟组合中存在的结构洞，或者利用嵌入网络结构属性带来的异质性，来提升社会资本的收益。而从社会嵌入的视角来看联盟组合，主要是为了探究焦点企业应与谁达成联盟组合的问题。江积海和刘风（2013）认为，焦点企业与潜在的联盟成员之间存在信息不对称的问题，双方之间无法有效辨别潜在伙伴是否是最优匹配的成员，而社会嵌入性可以有效解决双方之间信息不对称问题，以及谁是最优联盟成员的有关问题，进而有利于联盟组合形成及结构稳定。

但是，联盟组合的职能效应（资源逻辑和功能逻辑）发挥作用还必须依赖于特定的联盟身份属性。企业所处的联盟组合，从形式上看是主体之间关系和结构的链接，而实质上却是对关系和结构链接基础上的潜在伙伴—资源集合的分配。另外，资源逻辑和功能逻辑是所有在联盟组合中的企业都不可避免的，在组建联盟组合的过程中，其创新行为和策略决策也必然会受到联盟组合中身份属性更新的影响。依据社会网络理论，企业在联盟组合中身份属性不同，其不仅会影响知识和资源的数量、质量的不同，同时还会导致知识共享效率、共同任务参与及合作的积极性的不同。已有研究指出，企业与联盟成员间关系建立的时间越持久、互动频率越高，其隐性知识和高质量信息就越有可能跨越组织边界，提升异质性知识在联盟成员间传递和转移的效果，进而提高联盟组合中联盟成员之间的信任与依赖程度。同时，由于未来存在较多的未知或者不确定性，焦点企业选择联盟成员来达成联盟关系，存在一定的风险性，而重构联盟组合结构，可以有效降低联盟中未知的风险性，因此，焦点企业会偏向于选择伙伴—资源组合战略来结成新的联盟。而焦点企业与多个联盟成员所构建的联盟组合，不仅可以增加伙伴选择的多样性，降低风险共担后对企业所造成的损失份额，还可以与曾经的联盟成员构建新的联盟组合，来降低新联盟组合所面临的融合、机会成本等潜在风险。焦点企业重构联盟组合，表明企业在网络中具有资源优势和伙伴优势。资源优势主要体现在获取关键性、新颖性知识的先机；而伙伴优势主要体现在控制与外部成员合作的优先决策权。因此，焦点企业重构联盟组合，表明焦点企业在联盟组合中获取异质性信息的机会就越多，知识领域的交叉行为也就越频繁，进而更容易创造新知识来促进联盟组合的形成与发展。

1.4 关键问题与模型框架

本书依托"创业企业联盟组合数据库"，以及针对"新三板挂牌企业总经理的调查问卷"，来展开理论分析。其中，创业企业联盟组合数据库以2009—2016年在创业板挂牌的企业为研究对象，采用文本编码的研究设计，以《公开转让说明书》为时间起点（T_0），以《公司年度报告》为时间序列（T_n），以《联盟公告》《战略合作框架协议》等关于企业间合作的公开资料为时间序列上发生的事件内容，构建的动态跟踪数据库。而关于新三板挂牌企业总经理的调查，课题组采用了问卷调查的方式，通过对上市企业总经理或 CEO 围绕企业与外部合作伙伴或联盟对象，就合作关系、相互依赖、联盟管理能力等问题展开问卷调查研究，以拓展对联盟网络形态与结构的认知。本书的整体理论框架如图 1-1 所示。

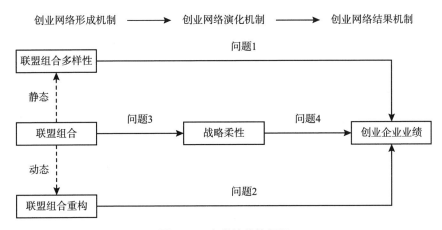

图 1-1 本书的整体框架

问题 1：创业企业联盟组合多样性是否能够促进企业绩效与创新水平的提高？

多样性是联盟组合研究的核心主题，关注焦点企业在特定的时间范围和空间范围内构建和加入联盟类型、数量的差异程度对企业竞争及发展的影响。通过加入不同的联盟组合，焦点企业可以与不同的联盟成员共享资源、知识和信息，扩大焦点企业的业务范围和资源宽度。目前，学术界关于联盟组合多样性存在两种不同的观点：一方面，"多即是好"的观点，联盟组合多样性，可以在更为广泛的领域拓展焦点企业的合作关系网络，进而实现规模经济和范围经济。另一方面，"多不一定好"的观点，随着联盟成员与焦点企业之间多样性的增加，焦点企业需要更多精力和资源来识别、整合不同的信息和技术，而创业企业在现有认知能力和知识组合的相对不熟悉，可能使其吸收异质性知识和信息过程中产生阻碍。换而言之，对于创业企业而言，资源弱性和新生劣势是难以绕开的问题，因此，创业企业通过联盟组合来获取知识和资源的重要性不言而喻。那么，在创业板上市的创业企业，其多样性联盟组合是否同样可以获得经营绩效和创新绩效提升？从本书来看，作为创业企业联盟组合的效应机制，资源属性和功能属性的多样性，可能会造成联盟组合在绩效表现上存在明显的差异？这是我们关注的第一个问题。

（1）创业企业联盟组合资源多样性是否能够促进企业绩效与创新水平的提高？

资源依赖理论基本假设指出，组织生存和发展的关键是与外部环境进行交易以获取必要资源的能力；而所有组织都会采取相应措施来降低或者缓解这种资源需求对自身的约束，进而需要持续改变原有的依赖行为模式以捕获外部多样性资源。然而，联盟组合资源多样性的提升并不总是带来价值同步提升。这是因为，焦点企业在联盟组合中维持较高的资源多样性：一方面，联盟组合资源多样性可能在联盟组合中产生信息超载和规模不经济，增加焦点企业对异质性资源输入所导致的资源吸收压力，进而导致无效资源整合和过高的冗余资源管理成本；另一方面，联盟组合资源多样性也会导致焦点企业注意力和资源分散，阻碍焦点企业聚焦关键领域以持续重构外部组织之间的合作关系。因此，创业企业联盟组合资源多样性是否帮助企业实现业绩提升？

（2）创业企业联盟组合功能多样性是否能够促进企业绩效与创新水平的提高？

功能多样性的联盟组合，其内部组织模式的机制也存在不同，即完全不同的结构、过程、战略以及文化，因此，联盟组合功能多样性可能会对企业生存和创新绩效产生不同的影响。一方面，联盟组合功能多样性为焦点企业提供了解决问题的多样性方法和思路，增加了可访问技术和资源的及时性和新颖性。同时，联盟组合功能多样性还有助于焦点企业在搜索异质性知识和信息过程中，打破现有的认知结构，进而促使焦点企业对现有问题形成新见解和新的解决方案。另一方面，联盟组合功能多样性需要焦点企业改变原有的社会交流模式，而这对于成熟的联盟组合来说是非常困难的，这可能导致焦点企业形成"组织近视症"行为，使其陷入"能力陷阱"或者"成功陷阱"的风险中（Lavie et al.，2010）。因此，在资源约束的限制下，创业企业如何处理联盟组合功能多样性之间的复杂关系，才能够促进企业绩效与创新水平的提高？

问题 2：联盟组合重构是否能够促进企业绩效与创新水平的提高？

联盟组合重构是为了维持企业与外部动态环境和内部组织变动的动态匹配，主要研究在既有联盟组合形成后如何生成新联盟。其本质是让企业所建立的联盟组合拥有良好的适应机制，使联盟组合从容面对高度不确定性的外部动态环境和企业内部决策的变动。因此，企业需要在不断地变化和修正中保持联盟组合处于动态平衡，解决新联盟与现有联盟组合的匹配问题，以及避免颠覆式变革给联盟组合伙伴、资源、战略方向带来未知的风险。现有研究在探讨联盟组合重构与企业绩效关系时，主要围绕两方面展开。一类研究围绕联盟组合的"静态"重构是否影响焦点企业的绩效展开，特别对具有某种构造特征的联盟组合，如非对称、多样性联盟组合重构影响焦点企业绩效的作用进行了剖析。学者聚焦于联盟伙伴和联盟类型的异质性，形成关于伙伴、联盟两个维度重构更可能促进焦点企业绩效提升的理论观点。另一类研究则从联盟组合的"动态"重构角度探讨其对焦点企业绩效的影响，主要围绕联盟组合的规模变化，挖掘联盟组合在伙伴、联盟维度规模的扩大对焦点企业绩效的作用。本部分主要聚焦"建立联盟获取资源的联盟组合重构方式是否能够促进焦点企业绩效的提升"这一问题。一方面突破了已有研究对联盟资源维度关注不足的局限，聚焦与既有伙伴/新伙伴建立联盟以调动新资源/旧资源的联盟组合重构所能带来的绩效作用；另一方面弥补了已有研究对联盟组合重构的动态研究关注不足的缺口，通过对焦点企业在不同身份属性下重构联盟组合的识别，揭示其绩效作用机制。从本书来看，作为联盟组合变动的身份属性，即通过作用于联盟"资源—伙伴—企业"的联合视角，来选择联盟的变异路径，这可能造成联盟组合在绩效表现上存在明显的差异？这是我们关注的第二个问题。

（1）联盟组合中新资源—新伙伴是否能够促进企业绩效与创新水平的提高？

在跨组织之间，资源—伙伴之争也反映了企业所需要的组织间思维和管理方式存在本质上的区别，在特定组织间存在这两种活动的"悖论"。一方面，新资源的获取，有利于创业企业缩短技术研发周期，分散技术开发风险和成本；新伙伴的重塑，可以弥补创业企业联盟组合内部研发的不足，创业企业不断更新联盟组合伙伴，并与新联盟成员合作视为一种学习过程。另一方面，实施新伙伴—新资源重构行动可能需要投入大量的时间、精力以及财物等资源，同时它也可能面临联盟运行中止、联盟成员"惰性"等不利情况的产生，进而为创业企业的创新收益与产出带来不平衡性。因此，创业企业需要评估联盟组合的战略变革的能力，对因实施新伙伴—新资源重构所产生的大量异质性知识、资源、信息等进行有效整合，才能够促进企业绩效与创新水平的提高？

（2）联盟组合中旧伙伴—新资源是否能够促进企业绩效与创新水平的提高？

联盟组合中与已有伙伴合作，可以增强联盟伙伴之间的信任，推动知识共享，提高协作效率，从而促进联盟创新。然而，随着联盟合作水平的不断提升，创业企业与联盟伙伴企业间的跨组织规范越来越结构化，固定思维模式会限制企业对创新知识和创新思维的引入，容易使企业陷入"熟悉陷阱"，从而影响绩效。因此，通过联盟组合中旧伙伴—新资源重构，焦点企业关注的不再是如何占有已有资源，而是如何对已拥有的资源进行有效利用以及如何对联盟成员进行最优化组合，才能够促进企业绩效与创新水平的提高？

（3）联盟组合中新伙伴—旧资源是否能够促进企业绩效与创新水平的提高？

为了打破旧制度、旧价值观对联盟组合的束缚，抛弃联盟组合中过时或误导性的观念、规则以及惯例，以及在寻求联盟合法性的努力中获取平衡，焦点企业需要采取有效的措施来更新已有的联盟成员。然而，"能力陷阱""核心刚性""组织结构惯性"等情形的存在，联盟组合可能难以打破搜寻范围与自身知识储备对技术跃迁轨迹的束缚。因此，通过对旧的联盟组合关系、配置、资源结构等的变革，实现新旧联盟组合的彼此迭代和更新，是否能够促进企业绩效与创新水平的提高？

问题 3：创业企业联盟组合是否能够促进战略柔性的构建？

战略柔性作为增强联盟适应力和灵活性的一种能力，是降低创新风险，促进企业绩效的关键。战略柔性反映了企业在应对外部变化的过程中快速地投入资源以及应用自如地配置资源的能力。因此，创业企业联盟组合对于推动创业企业市场机会或资源捕获具有重要影响，那么是否会促进或抑制创业企业的战略柔性？这是我们关注的第三个问题。

（1）创业企业联盟组合多样性是否能够促进战略柔性的构建？

资源属性的有效性是联盟组合中创业企业所拥有的关键资源。创业企业具有新生弱势和资源劣势，而获取外部资源、资源创造以及资源积累是创业企业联盟组合形成的基础。因此，创业企业的联盟组合多样性是企业建立战略柔性的基石，这进而可能会成为企业有效管理和应对外部复杂性环境风险的关键。但是，由于资源的稀缺性与异质性等特征，也会加剧联盟组合内成员间的竞争性行为。因此，本书提出创业板上市的创业企业联盟组合多样性在战略柔性表现上是否存在差异？

（2）创业企业联盟组合重构是否能够促进战略柔性的构建？

企业在进行跨组织活动时，联盟组合中新旧资源抑或新旧伙伴重构活动既可以并存也可以相互补充，而这既可以挖掘潜在资源或现有资源的灵活性，又可以有效提升企业识别资源缺口的能力，并帮助企业加强现有资源捕获和整合的能力，从而解决企业资源受限的问题。那么，创业板上市的创业企业联盟组合重构在战略柔性表现上是否存在差异？

问题 4：联盟组合中战略柔性构建是否能够促进企业绩效与创新水平的提高？

战略柔性是企业以积极态度或反应性的方式快速应对市场机会或威胁，

通过战略决策的调整和柔性资源的重组，克服路径依赖并顺利实现企业目标的动态能力。联盟组合中战略柔性的建立，有助于打破搜寻范围与自身知识储备对技术跃迁轨迹的束缚。改变了企业"非此地发明（not invented here）"或"非此地销售（not sold here）"的创新偏见，并通过融合不同行业的联盟成员来为技术创新获取新的机会。但是，由于区域文化、制度等方面的差异，异质性资源往往具有难以有效的整合，无法与焦点企业自身组织能力相匹配，这也使战略柔性发挥的效用有限。因此，创业企业联盟组合中战略柔性的构建，可以使企业构建相应的协调机制和组织架构，但它是否会造成绩效表现上存在明显的差异？这是我们关注的第四个问题。

1.5　内容框架

基于研究问题以及理论模型，本书后续章节的内容安排如下。

第2章介绍了创业企业联盟组合数据库与平台生态系统数据库的设计、建设和拓展情况，创业企业联盟组合数据库与新三板挂牌企业总经理的调查问卷，是本书依托的数据来源，一方面体现了本书聚焦中国新兴企业特色，另一方面就合作关系、相互依赖、联盟管理能力等问题展开问卷调查研究，以拓展对联盟网络形态与结构的认知。系统介绍数据库，不仅是为了阐述本书的分析数据来源，也是欢迎感兴趣的同行共同开发数据库，联合开展相关研究。

第3章以创业企业联盟组合数据库为基础，聚焦企业层面、行业层面对企业绩效以及创新结果的影响。主要关注以创业板企业为主体构成的企业地域分布、企业所在行业、成立年限、企业规模等企业层面，以及创业企业所属的绩效差距、市场竞争等行业层面，是否以及为何塑造企业财务业绩、研发投入等方面的差异。

第4章以创业企业联盟组合数据库为基础，聚焦静态视角下创业企业联盟组合对企业业绩以及创新结果的影响。主要关注以创业板企业为主体构成的联盟组合多样性，包括创业企业是否与不同联盟成员联结并提供资源和知识的差异，以获得独特且异质性资源、专有性技能和经验；创业企业是否实际建立联盟组合的价值活动类型，来构建不同的下级联盟实现多种职能领域活动，进而是否以及为何塑造企业财务业绩、研发投入等方面的差异。

第5章以创业企业联盟组合数据库为基础，聚焦动态视角下创业企业联盟组合对企业业绩以及创新结果的影响。主要研究在既有联盟组合形成后如何生成新联盟，着重探讨了伴随着新联盟生成的联盟拓展过程中，如何解决新联盟与现有联盟组合的匹配问题，包括"新伙伴—新资源""新伙伴—旧资源""旧伙伴—新资源"，是否以及为何塑造企业财务业绩、研发投入等方面的差异。

第6章同样以创业企业联盟组合数据库为基础，聚焦创业企业联盟组合、战略柔性以及企业绩效和创新结果的影响。主要关注创业企业在建立或加入联盟组合来推动企业业绩时如何需要相应的战略柔性来保障，即创业企业联盟组合对于推动创业企业市场机会或资源捕获具有重要影响，那么是否会促进或抑制创业企业的战略柔性？回答这一问题对于更加深入地探讨创业企业联盟组合对战略柔性的影响具有重要意义。

第7章立足创业网络情境讨论了创业企业联盟组合的主要结论、管理启示与政策建议。这部分围绕联盟组合的绩效作用，揭示了创业网络资源组合过程中的管理挑战，并在此基础上隐喻了过程观视角下值得研究的重点课题。

第2章 创业企业联盟组合数据库

创业企业联盟组合数据库是以 2009—2016 年在创业板上市的企业为研究对象，采用文本编码的研究设计，以《公开转让说明书》为时间起点（T_0），以《公司年度报告》为时间序列（T_n），以《联盟公告》《战略合作框架协议》等关于企业间合作的公开资料为时间序列上发生的事件内容，构建的动态跟踪数据库。课题组进行资料下载与数据编码的时间是 2017 年，因此上述资料的截止时间为 2016 年底。自 2009 年创业板有第一个上市企业以来，截至 2016 年底，在创业板上市的企业共有 719 家，构建了 2 个以上联盟的企业有 448 家。由于我们的研究对象是以联盟的形式建立创业网络的企业，因此本书共涉及 448 家创业板企业。

2.1 理论模型与基本架构

创业网络是创业研究的经典话题，关于创业网络在创业企业成长过程中的资源功能和声誉功能已得到大量研究的论证，且已有研究认同创业网络之于创业企业成长的线性解释逻辑（Larson & Starr, 1993；Hite & Hesterly, 2001；Jack, 2005, 2010；Lechner & Dowling, 2003；Slotte-Kock & Coviello, 2010；Vissa, 2012）。然而，在互联网和信息技术背景下，创业网络对创业企业成长的作用可能表现为非线性的解释逻辑。这一方面源于创业网络自身的非线性扩张；另一方面创业网络不仅扮演着资源供给的角色，更重要的是，创业网络成为创业企业设计商业模式，实现价值共创的重要内容。

伴随着创业企业由生成到成长的发展过程，创业企业所面临的任务和挑战不同，其所利用的创业网络也呈现出类型和内容上的变化（Hoang & Yi，2015）。尽管创业者所建构的初始网络是投入于创业过程的初始资源禀赋，对初期创业活动的开展起到重要作用，但这种网络往往表现为创业者的个人化关系网络（Peng，2003）。一方面，难以直接转变为围绕企业间交易的商业网络，限制了以创业企业作为主体的经济活动的开展；另一方面，局限于创业者个人社会关系的网络也无法满足创业企业生成的全部资源需求以及快速资源扩张。对于高成长的创业企业而言，高成长速度需要创业企业快速确立交易关系安排并促进交易的开展，同时在不同主体间进行资源编排，实现资源组合的快速扩张以支撑创业企业发展。因此，为了实现由创业者个人化社会网络向蕴含利益相关者交易安排的商业网络的转化，创业企业需要通过商业模式的设计建构包含多边利益相关者的商业模式网络，实现由新生（birth）到拓展（expansion）的成长。

无论是哪种类型的网络，创业者设计用以驱动创业企业成长的创业网络，促进了创业网络在主体构成和关系联结上的形态初具。当创业者设计出创业企业成长所需的创业网络后，仅明确了向谁寻求帮助、从哪里接入资源的网络架构，即使架设起网络联结，仍未能形成能够获取、调用资源的深度嵌入结构（Ozdemir et al.，2014）。从网络理论来看，所谓嵌入是指行动者在网络中居于中心的、控制性位置，往往表现为以较高的效率联结少数节点企业，却能调动大范围资源的结构（Granovetter，1985；Uzzi，1996）。嵌入式的网络结构能够帮助企业更高效地联结网络中的主体，调用更为丰富的网络资源（Hite，2005）。从这个意义上说，创业网络由初始的个人化社会网络向非个人化的组织间网络，再到有着内在交互关联属性的联结组合网络的演化，其价值并不在于网络类型的转换，而在于创业企业嵌入于不同网络的独特结构，能够激发网络资源向创业企业流动，塑造创业企业相对于网络伙伴的依赖优势。

综上，本书及其所依托的数据库关心的核心话题是，创业企业如何构建包含占据网络节点的主体以及主体间关系的创业网络，以推动企业的成长？针对这一问题，已有研究利用案例研究、扎根理论、田野研究等质化研究方法进行了探讨。但当我们想基于多样本挖掘创业企业构建创业网络的科学规律时，质化研究方法却呈现出方法的局限性。而部分采用大样本统计方法开展的研究，则利用问卷调查的方式，在未能勾画创业网络整体形态、主体内容、资源构成的情况下，只能简单测量创业企业利用创业网络的频率、强度等，从而测量网络的相关结构变量。

创业企业如何构建创业网络，如何利用创业网络推动企业成长，对这一问题的回答是本数据库建立的起点。相较社会网络研究利用提名生成法来勾画创业者社会网络结构，本数据库利用创业企业在创业板上发布的公开资料为数据编码的资料源，通过对企业发布的战略联盟建立、战略合作协议等资料进行编码，从而勾勒出创业企业以联盟合作为主要关系构成的创业网络。本数据库所构建的创业网络是以正式合作为联结纽带的网络，不包含没有签署合作协议，而在日常经营活动中非正式合作的联结关系。这主要是由于，从研究情境而言，我们关注的是在资本市场上市的创业企业，它们以组织为单元构建的正式网络对其利用合作撬动资源，吸引资本市场的投资者具有重要意义。

之所以选择创业板上市企业为主要研究对象，主要是因为：（1）创业板企业具有成长性，它们没有主办企业的大规模，也没有中小板企业的成熟，它们的成长性使其具有创业企业的熟悉；（2）创业板企业为了保持成长性，时常需要吸引投资，通过发布联盟公告、战略合作等重大事项吸引各类机构投资者注意，这使得他们披露组织间合作的意愿更强、可能性更高；（3）截至课题组搜集创业板上市企业联盟资料时，创业板已发展多年，创业板企业利用联盟网络谋求发展形成一定的时间跨度。

针对创业板上市企业，以 2009 年 1 月 1 日至 2016 年 12 月 31 日期间上市的创业板企业为研究对象。在上述时间范围内，在创业板上市的企业共有 719 家。针对这 719 家企业，我们进一步搜集了他们公开发布的《联盟公告》，将没有发布联盟公告，或仅发布一个联盟公告的企业剔除，因为这意味着企业没有建立起联盟网络，剩余541家。课题组随机选择了11家企业进行探测性编码，在完善编码问卷后，剩余的531家企业进入正式编码。在正式编码过程中，因联盟过程中关键信息缺失、错漏等原因，提出了83家企业样本，因此数据库最终包含448家有效企业样本。

基于数据库设计的理论模型，以样本企业上市的《公开转让说明书》为时间起点（T_0）、以年度报告、联盟公告为时间序列（T_n）针对每家编码企业构建动态跟踪数据库（见图2-1）。例如，企业A于2009年在创业板上市，以公开招股书为依据，2009年是编码时间起点，后续针对年度报告（2013，2014，2015，2016，2017，…）作为时间序列分别编码，这部分编码内容包括企业基本情况、企业治理结构、企业高管特征、企业财务情况、企业主营业务与资源情况、企业商业模式特征等。针对联盟公告（2009—2016年）作为时间序列分年度地针对公告进行编码，这部分编码内容包括企业联盟网络规模、联盟合作伙伴特征、联盟蕴含的资源、联盟双方的责权利、联盟管理方式等。在编码数据库中，总共包含3800多个变量。

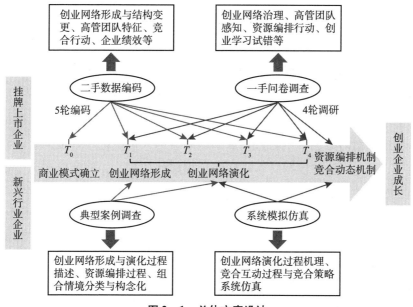

图2-1 总体方案设计

2.2　编码过程与数据检验

本数据库中针对样本企业的文本编码的二手数据来源包括《公开转让说明书》《年度报告》《联盟公告》以及其他重要的公司公告、公司网站信息等资料。这些是依据中国证监会指定的上市公司信息披露网站——巨潮网（http：//www.cninfo.com.cn/）发布的上市企业名录首先确定企业名单，进而在巨潮网上下载相关资料。通过预先设计编码工作手册，确定需要编码的变量及其编码标准，对公开二手资料进行文本编码。

我们分别针对上市企业的联盟公告和年度报告设计了不同的编码问卷，并进行了反复修正和调整。针对联盟公告的编码侧重于由单个联盟的特征刻画整体联盟网络的特征，包括联盟网络的规模、多样性等结构特征，联盟网络的治理、网络内学习等管理特征，以及联盟网络在探索性与开发性上的功能属性。针对公开转让说明书和年度报告的编码问卷侧重于董事会和高管团队在个体层面和团队层面的特征，公司治理架构如股权、控制权等，企业商业模式与经营业务，企业资源如专利、著作权等技术特征，企业社会责任等内容。通过对不同年份年度报告的编码，我们还关注了企业财务绩效的变化、董监高结构的变化、企业战略与商业模式变化等内容。

数据库包含主观变量和客观变量两类。客观变量中，包含可直接从文本资料中复制的数据和信息，如董事、高管的人口统计学特征，企业财务信息等；还包括能够根据文本描述间接提取的信息，并据此转变为变量的赋值，如客户集中度，要根据前五大客户中收入占比最高的第一位客户和最后一位客户收入差距来判断。主观变量主要是依据文本描述进行主观判断的变量，主要涉及商业模式的相关变量，以及联盟的探索性与开发性编码。总体来看，数据库的变量涉及：上市公司基本情况，关于供应商、客户的情况，商业模式，技术研发情况，对外投资、参股、并购情况，关联交易情况，企业社会责任情况，实际控制人情况，董监高基本信息、董监高的先前经验和对外任职情况，员工情况等；围绕联盟数据，变量涉及联盟对象情况，联盟的性质与功能，联盟双方为彼此提供的资源，联盟间的治理方式与管理手段，联盟内的学习情况，探索性联盟与开发性联盟（主观测量）。

课题组自 2017 年 8—10 月即开始设计针对创业板上市公司联盟数据的编码问卷，11 月 8—10 日对编码团队成员（11 名编码员）进行培训，11 月 11 日开始编码。编码工作分三个阶段进行，持续至 2018 年 6 月 1 日完成。11 名编码员在完成主编码工作后，进行随机配对，开展背对背编码，以提高编码信度。该数据库的样本时间范围囊括创业板创立伊始的 2009 年到 2017 年 6 月 20 日，构成面板数据结构。截至 2017 年 12 月 31 日，课题组共完成对创业板 448 家建立了战略联盟的企业的编码工作，编码文件包括 3354 份《年度报告》和 5389 份《联盟公告》。具体而言，编码工作包括以下流程。

首先，课题组设计了编码工作手册，根据该手册对 11 位编码人员进行了编码培训工作。在培训基础上针对 11 家企业进行试验性编码，核对编码结果和过程，并对编码过程中存在的问题进行了充分讨论，从而校准编码人员对编码标准的理解。进一步地，根据编码中涌现的问题修正了编码手册，包括对于容易产生歧义和误解的题干重新表述，对部分题项答案没有覆盖所有可能的情况进行修订，对部分间接提取的客观变量赋值标准进行修订等。在确定编码人员充分了解编码规则之后，启动正式编码。

其次，进入正式编码过程，课题组利用三个阶段推进编码工作。尽管本数据库包含的样本企业数量并不多，但是涉及联盟合作事件却规模较大，且覆盖的时间范围较大，因此课题组根据联盟公告的数量将样本编码分三个阶段进行。在每一阶段开始时，编码组长随机给每位编码人员分配编码企业名单，编码人员需要先完成对样本企业公开招股书的编码，从而对企业的基本经营情况有全面的了解；然后，以每一年度为单位，对在这一年发布的联盟公告以及年度报告进行编码。在编码小组各个成员完成本阶段编码后，由编码组长对主观判定变量（商业模式结构、联盟的探索与开发属性）以及联盟网络中的关键变量（资源属性、治理属性等）进行交互验证，由编码小组随机选择编码人员进行两两配对验证。特别需要指出的是，编码人员事先并不知道配对分配。同时，为了确保主观判定变量两两配对编码验证的整体信度，在每个阶段的两两配对均不相同，以"编码员1"为例，他在每个阶段的配对验证编码人员各不相同（分别为编码员3、编码员6和编码员7），同时他事先并不知道谁是其配对验证人。

为了提高二手数据编码的质量，我们采取了三种检验来保证所编码数据的可靠性和准确性，这三种检验具体针对不同类型的变量而展开。

第一，针对客观变量，我们采用逻辑检验、极端值检验和随机检验三个步骤来进行数据核查和校验。

首先，逻辑检验主要是核查具有明显内在逻辑的变量数据信息是否有误，这往往表现为某个变量是否符合基本逻辑，或者变量间的逻辑关系是否符合常识。如全体股东股权比例是否等于"1"，最大客户减去第二大客户的收入占比是否大于"0"。我们针对逻辑检验中发现的问题进行了重新查询，更新编码数据以修正问题。

其次，极端值检验主要是针对变量数据的极大值和极小值进行复检，通过样本的描述性统计识别极端值，进而核查数据是否包含错误信息。例如，在本数据库的448家创业板企业样本中，以企业技术专利信息为例，针对极端值检验，涉及52家企业需要进行编码复检，占总体样本的11.6%。通过极端值检验，我们将变量数据进一步修正，减少数据填写错误所产生的问题。

最后，随机检验是根据前面两个步骤检验中所发现的，出错率较高的编码人员按照一定的比例进行随机抽检。具体的工作步骤是，在出错率较高的编码人员所有的编码样本中，按照20%的比例随机抽取样本企业进行复检，一旦发现随机抽取样本的错误率高于30%，即所核查部分信息出现错误的样本占所抽取样本的比例超过30%，就对该编码员所编码的企业样本全额复检。

第二，针对联盟网络的探索与开发属性的主观判定变量的一致性检验，我们利用一致性检验和构念信度系数来进行。

首先，我们在编码过程中即设计了背对背的编码方式，即随机选择两个同学编码同一家公司联盟网络的探索开发属性，在检验阶段根据他们的编码结果进行配对检验。例如，我们将一个编码人员所编码的探索性联盟分值与和他编码同一组公司的编码员编码的分值相比对，利用克隆巴赫系数计算两组编码分值的一致性程度，据此判断编码一致性。

其次，我们还将三个阶段样本企业以联盟为单元的探索性联盟分值（3个问项）和开发性联盟分值（3个问项），分别计算其构念信度。在两两配对的一致性检验方面，探索性联盟的信度系数是 0.754，开发性联盟的信度系数是 0.778。在构念信度方面，探索性联盟 3 个问项的信度系数是 0.867，开发性联盟的信度系数是 0.774。

2.3 数据库的进一步拓展与丰富

由于创业企业联盟组合数据库是围绕创业企业所构建联盟网络的结构、内容、治理、重构等展开研究，其更聚焦以联盟为特征的创业网络客观形态表现与内容结构。因基于公开文本资料进行数据编码的局限，我们在这一数据库中没能建立关于创业企业构建联盟网络的能力、治理联盟网络的能力等在能力维度的观察。为此，课题组采用了问卷调查的方式，通过对上市企业总经理或 CEO 围绕企业与外部合作伙伴或联盟对象，就合作关系、相互依赖、联盟管理能力等问题展开问卷调查研究，以拓展对联盟网络形态与结构的认知。值得说明的是，几经努力我们没有能够实现对创业板上市企业总经理或 CEO 的点对点问卷调查，作为替代方案，我们联合南开大学创业研究团队针对新三板完成了总经理问卷调查，同时补充了对新三板上市企业的二手数据编码。

在针对新三板上市企业总经理的调查问卷中，我们根据萨卡尔等（Sarkar et al.，2009）关于联盟网络能力的理论框架与维度划分，从合作主动性、联盟协调性、跨联盟关系治理三个维度建构对联盟组合能力的理论解释。

合作主动性是联盟网络管理的重要内容，它聚焦于焦点企业是否积极主动地寻求通过网络来实现组织间的合作，促进机会的实现、资源的利用、市场的创造等。这一维度通过 5 个问题来测量，分别是"我们密切观察环境，识别可能的合作或联盟机会""我们经常从不同的渠道收集有关潜在合作伙伴的信息（例如互联网、产品交易展示会、贸易展览会等）""我们时刻关注能够创造潜在联盟机会的市场""我们通过与关键企业结盟，努力抢占竞争先机""我们经常主动向其他企业提出联盟建议"。

联盟协调性，是指焦点企业是否能够在联盟内部围绕与联盟伙伴的关系进行协调，以及是否能够开展跨联盟间关系的协调。这一维度通过 5 个问题来测量，分别是"在逆境或挑战时，不离不弃对我们双方维系关系非常重要""我们努力建立基于相互信任和承诺的关系""当出现问题或有需要时，我们力求灵活应对并包容合作伙伴""当出现争议时，我们时常重新评估事实来形成相互满意的折中方案""我们不拘泥于合同而以非正式途径与合作伙伴进行频繁的信息交换"。

跨联盟关系治理是聚焦非正式关系治理的一个维度，它是指从联盟网络整体角度来看，焦点企业能够总体上在跨联盟间进行关系的协调，处理信息交换与联合问题解决。这一维度通过 5 个问题来测量，"我们将所有的外部合作关系视为一个整体来协调""我们能够协调不同合作伙伴之间的关系""我们的战略能够适应不同的联盟合作""我们具有在不同的合作伙伴间传递知识的规范流程""企业不同部门的管理人员会定期会面，考察我们如何在不同的合作伙伴间建立协同合作"。

在针对新三板上市企业总经理的调查问卷中，我们根据普费尔和赛兰奇克（Pfeffer & Salancik，1978）关于资源依赖理论的观点阐述以及测量方式，我们在供应商维度和客户维度分别设计了 8 个问项用来测量创业企业与外部合作伙伴之间的相互依赖程度。分别针对供应商和客户情况，问项主要包括"如果替换现有供应商/买家，企业会面临较大的困难并导致额外成本""企业有足够多的可选择供应商/买家来确保供应商/买家之间存在竞争""市场上存在着其他替代供应商/买家来确保原料有效和及时供应""现有供应商/买家具有相对于其他非贵企业供应商/买家的技术优势""为了与贵企业合作，现有供应商/买家改善了管理流程来提升效率""为了与供应商/买家合作，贵企业做了不少专用性投资""如果替换现有供应商/买家，供应商/买家会面临严峻的财务危机""为了与贵企业合作，现有供应商/买家做了不少专用性投资"。

针对新三板上市企业总经理，围绕联盟网络管理能力、企业与外部合作伙伴之间相互依赖等内容的问卷调查，让我们能够形成对企业高管如何管理外部联盟网络，如何通过对网络的关系促进企业与合作伙伴的相互依赖等微观基础解释。课题组还针对新三板制造业 706 家应用互联网技术的创业企业进行了二手数据编码，识别出创业企业上市初期的商业模式属性与创业网络构成特征，这些二手数据与总经理调查问卷匹配形成了一手数据与二手数据相结合的数据结构。

在针对新三板制造业上市企业的二手数据编码中，我们关注的内容包括创业企业所设计的商业模式具有什么样的特征，创业企业以董事会、高管团队为构成的商业模式、战略联盟等战略制定者与决策者特征有哪些，创业企业所建构的客户网络、供应商网络、投资者网络具有怎样的结构。这些关于不同类型网络的结构变量同样包含在创业企业联盟组合数据库中，这就形成了新三板与创业板企业的对比研究。未来我们还将进一步扩大对这些企业的问卷调查广度与深度，将更多的一手数据与二手数据形成匹配，且更深入地了解创业企业建构并治理创业网络的微观基础与深层次管理逻辑。

第3章　创业企业业绩变动
与表现差异

　　根据科技部和财政部发布的《企业技术创新能力提升行动方案（2022—2023年）》，到2023年底，一批惠企创新政策落地见效，创新要素加速向企业集聚，各类企业依靠科技创新引领高质量发展取得积极成效，一批骨干企业成为国家战略科技力量，一大批中小企业成为创新重要发源地，形成更加公平公正的创新环境。目前，创业企业成长已成为国家经济可持续发展的重要源泉，然而存在较高的外部环境不确定性因素，行业竞争的无序性、复杂性使得创业企业面临着巨大的生存压力，因此创业企业存活率较低。事实上，创业企业绩效从很大程度上来说主要取决于决策主体的战略逻辑，而创业企业的战略选择是决定创业企业是否成功的关键因素之一。因此，对创业企业的研究，学术上经历了从关注创业者特质（谁是创业者）到行为（做了什么）再到认知（如何思维与决策）研究的不断深化。例如，德斯和伦普金（Dess & Lumpkin，2025）探讨了创业型领导对创业企业成长的影响，认为创业型领导可以激发企业内部的创新活力，提高企业的组织韧性和适应性，从而促进企业的成长。车森尼克等（Che Senik et al.，2011）探讨了国际化和网络对创业企业成长的影响，认为国际化和网络是创业企业成长的重要因素，可以帮助企业获取更多的资源和信息，提高其竞争力。加斯曼和贝克尔（Gassmann & Becker，2006）从资源基础视角出发，探讨了创业企业成长的机制认为创业企业的成长取决于其资源的获取、整合和利用能力。而高层梯队理论（upper echelons theory）通过认知层面的"管理者决定战略"来解释创业企业战略决策之间的关系，为创业研究拓宽了思路。那么，这些特征是否帮助创业企业实现了绩效提升？创业板上市的不同类型的创业企业在绩效表现上是否具有明显的差异？这是我们关注的第一个问题。

3.1　创业企业绩效变动情况

创业企业是指刚刚创立或正在创立中的企业，这些企业通常具有小型、年轻、创新性强等特点，同时创业企业面临诸多资源约束和市场经验不足等劣势，尤其是在不确定性情景下更容易影响创业企业绩效和创新策略。因此，创业企业也更需要依赖外部关系网络去解决资源约束问题。而创业板上市为破除创业企业资源约束的问题提供了新的思路，原因在于创业板上市企业数据库为创业企业提供了一个全新的融资平台和成长机会，一方面是外部金融支持，另一方面是高风险高回报。例如，2023 年前三季度，创业板公司平均研发费用达到 1.02 亿元，同比增长 12%；注册制下新上市公司平均研发费用为 0.46 亿元，同比增长 14%。2020 年至 2022 年，创业板公司平均研发投入分别为 0.87 亿元、1.12 亿元和 1.35 亿元，复合增长率约为 25%，200 余家公司研发强度连续 3 年超 10%。高强度研发投入结出丰硕创新成果。目前，有 144 家创业板公司获国家科学技术进步奖，24 家公司拥有国家自然科学基金项目，144 家公司拥有国家科技重大专项项目，231 家公司拥有国家重点研发计划项目，229 家公司拥有国家火炬计划项目。

另外，企业行为理论和绩效反馈理论认为，绩效变化会影响企业对待外部金融支持和高风险的态度，进而影响企业的战略行为。绩效变化有两个方向：短期业绩表现和长期战略决策。虽然绩效是影响企业持续成长和发展的决定性因素，但短期业绩表现与长期战略决策的企业行为存在明显差异。作为创业企业，当创业企业短期业绩表现较差时，创业企业会受到来自利益相关者的质疑，促使企业领导层正视并修正可能存在的问题。短期业绩表现较差，通常意味着创业企业以往和现在的商业模式和运营方式效率低或战略目标存在问题，其企业领导层也会受到来自员工、股东、VC/PE 投资人、金融市场、债权人等利益相关者的压力。这时企业领导层就需要寻求打破企业困境的方法和途径，而长期战略决策是突围窘境的重要途径。例如，开辟一个新的市场，研发一种新的产品，或者是生产技术的颠覆性创新等。但是，需要注意的是，经营管理效率的长短在一定程度上直接决定了企业能够用于战略选择的资源支持程度，甚至是关系到企业静态视角下联盟组合多样性和动态视角下联盟组合重构的选择，以及不同性质企业的绩效变动方向各不相同，其影响因素和战略行为也存在明显差异（Hitt et al.，2001）。

因此，本章选择 1516 家创业板上市企业数据库的创业企业，试图通过创业企业总资产变动幅度和营业收入来探究外部金融支持，以及研发投入变动来观察创业企业成长表现。

3.1.1　创业企业短期业绩表现

本课题组共整理出 1516 家创业板上市企业数据库的创业企业。其中，在创业板上市的创业企业中，高新技术企业占比接近 90%，尤其是战略性新兴产业企业占比超过 60%；在数字经济领域，有超 300 家创业企业，市值近 3 万亿元；同时创业企业在创业板上市后，有超过 500 家企业的营业收入实现了翻倍。这表明：从整体上来说，创业板上市的创业企业可以有效地获取投资者青睐以及用户的认可，并带来短期绩效的提升。但进一步分析发现，如图 3 - 1 所示，创业板上市的创业企业之间的总资产变动幅度和营业收入变动幅度存在显著性差异，有 81.04% 的创业企业，其总资产和营业收入都同时实现了正向增长；有 14.87% 的创业企业，在其总资产收入和营业收入之中，有一项实现了正向增长；而有 4.09% 的创业企业，其总资产收入和营业收入同时为负向增长。这一结果表明，创业企业能够通过创业板上市来完成金融融资，并实现了绝大多数创业企业总资产收入和营业收入正向增长，但也要关注到不同的创业企业在总资产收入和营业收入增长，均存在一定显著差异。

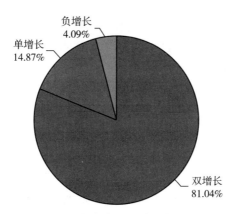

图 3 - 1　创业企业总资产收入增长和营业收入增长的分布

另外，在创业板上市的创业企业，有效获得了金融融资以促进企业的发展，但是这种情况是否会影响创业企业的净利润提升？在图 3 - 2 中，同时实现总资产收入和营业收入双增长的创业企业，其总资产收入增长率的平均数为 13.30 亿元，而营业收入增长率的平均数为 6.33 亿元；总资产收入和营业收入有一项增长的创业企业，其创业企业总资产收入增长率

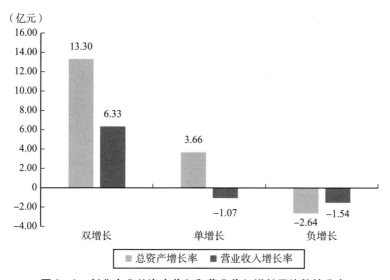

图 3 - 2　创业企业总资产收入和营业收入增长平均数的分布

的平均数为 3.66 亿元，营业收入增长率的平均数为负向增长，其平均数为 -1.07 亿元；总资产收入和营业收入均为负向增长的创业企业，其创业企业总资产收入增长率的平均数为 -2.64 亿元，营业收入增长率的平均数为 -1.54 亿元。因此，双增长中的资产收益率显著高于单增长和负增长两种情况。

首先，由于宏观经济、政策等环境因素的影响，从 2012 年到 2016 年，创业企业总资产收入增长和营业收入增长比例的差异较为显著（卡方值 76.85，$p = 0.000$）。由图 3 - 3 可以看出，创业企业的增长潜力受到了投资者和消费者的双重认可，尤其是在 2014 年，创业企业总资产收入增长和营业收入双增长的比例达到了 82%，高于另外四年。同时，本书进一步根据行业将创业企业划分为战略性新兴产业和非战略性新兴产业。表 3 - 1 显示，2016 年战略性新兴产业领域的创业企业，其总资产收入增长率的平均数为 10.6 亿元，营业收入增长率的平均数为 4.83 亿元，在 2012 年到 2016 年，其企业数量、企业总资产和营业收入增长率而言都明显高于其余四年。

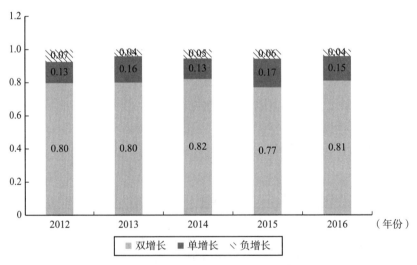

图 3 - 3　创业企业总资产收入和营业收增长年度分布占比

表 3 - 1　　　　战略性创业企业总资产增长率、营业收入增长率变动

变量	2012 年		2013 年		2014 年		2015 年		2016 年	
	平均数（亿元）	占比（%）	平均数（亿元）	占比（%）	平均数（亿元）	占比（%）	平均数（亿元）	占比（%）	平均数（亿元）	占比（%）
总资产增长率	1.69	16.4	2.22	19.1	4.25	19.9	8.26	21.2	10.60	23.4
营业收入增长率	0.98		1.57		2.21		3.40		4.83	

　　其次，在创业企业中，有 81.04% 属于总资产收入和营业收入均增长的企业，基于此，本书进一步对这部分双增长的创业企业进行细分。针对双增长的创业企业，以双增长的创业企业平均数为临界点，将总资产收入和营业收入双增长的创业企业划分为四类：第一类，总资产收入增长和营业收入增长均高于平均数，为高预期增长组；第二类，总资产收入增长高于均值而营业收入增长低于均值，为资产增长导向组；第三类，总资产收入增长低于均值而营业收入高于均值，为营业增长导向组；第四类，总资产收入增长和营业收入增长均低于均值，则为适中增长组。即总资产收入增长率大于 13.3 亿元为高增长，低于 13.3 亿元为适中增长，营业收入增长率大于 6.33 亿元为高增长，低于 6.33 亿元为适中增。如图 3 - 4 所示，在总资产收入增长和营业收入增长均实现了双增长的创业企业中，有 18.35%

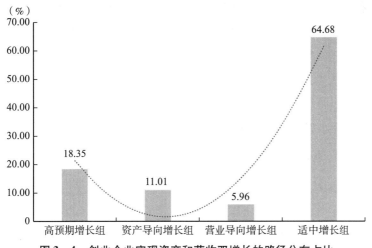

图 3 - 4　创业企业实现资产和营收双增长的路径分布占比

的创业企业实现了总资产收入和营业收入均高于均值的高预期增长组，11.01%的创业企业实现了总资产收入高于均值而营业收入增长低于均值的资产增长导向组，5.96%的创业企业实现了总资产收入增长低于均值而营业收入增长高于均值的营业增长导向组，64.68%的创业企业总资产增长和营业收入增长均低于均值，属于适中增长组。

第一，根据年份，对创业企业资产收入和营业收入双增长路径进行了差异性分析，发现企业资产和营收双增长路径比例在不同年份之间存在显著差异（$F = 91.94$，$p = 0.000$）。如图 3 – 5 所示，2012—2016 年中，2015 年有 22.9% 的创业企业实现了高预期增长，这一比例显著高于 2012 年的 19.7%、2016 年的 18.3%、2014 年的 11.7% 以及 2013 年的 6.1%。但也可以看到，2012—2016 年，所有的创业企业总资产收入和营业收入增长均低于均值的比例，占比都非常大，尤其是在 2013 年，创业企业总资产收入和营业收入增长均低于均值占比为 88.9%，显著高于 2014 年的 78.2%、2015 年的 63.9% 和 2016 年的 64.7%。主要原因在于，2013 年全球经济遭遇"完美风暴"，一些国家为了缓解就业压力、保护本土产业，通过各种各样的方式对中国实行贸易投资保护主义措施；另外，受全球范围内量化宽松货币政策所造成的流动性泛滥，在加大全球通货膨胀和资产泡沫潜在风险的同时，也明显加大了人民币汇率升值压力，呈现日趋多样化、常态化的特点，导致全球经济遭遇周期性的经济衰退。这也直接拖累中国经济复苏，并使得中国创业企业总资本收入和营业收入双双大幅降低。而进入 2014 年，我国政府采取了深化改革、简政放权等手段，这既有利于稳增长，又有利于调结构的政策措施，激发市场活力。因此，中国经济发展进入新常态，中小企业通过进行深刻的方式转变和结构调整，并在调整中逐步释放增长潜能、孕育新的增长引擎，从而实现了中小企业的平稳有序发展。

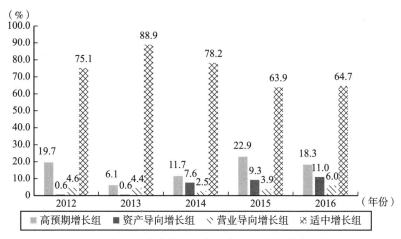

图 3 - 5　创业企业总资产收入和营业收入双增长的时间占比分布

第二，本书将创业企业划分为战略性新兴产业和非战略性新兴产业，结果发现，在不同行业中，创业企业总资产收入增长和营业收入增长路径比例存在显著差异（$F = 4.58$，$p = 0.032$）。如图 3 - 6 所示，在战略性新兴产业中，有 17% 的创业企业实现了总资产收入和营业收入均高于均值的高预期增长，这一比例虽然低于非战略性新兴产业，但是战略性新兴产业位于高预期增长组总数远远高于非战略性新兴产业；战略性新兴产业中有

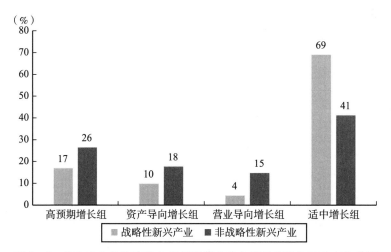

图 3 - 6　创业企业总资产收入增长和营业收入增长路径的行业占比分布

69%的创业企业的总资产收入增长和营业收入增长低于均值，即为适中增长组，高于非战略性新兴产业中创业企业位于适中增长组的比例41%。由此说明，中国的经济结构不平衡，传统制造业仍占据主导位置，战略性新兴产业的产业链亟须突破传统的产业分割，实现中国经济高质量发展和产业转型升级。

第三，为了探究战略性新兴产业中创业企业的发展路径，本书进一步根据年份来比较创业企业总资产收入增长和营业收入增长路径比例，且它们之间存在显著差异（$F = 82.84$，$p = 0.000$）。从图3-7可以看出，战略性新兴产业中，创业企业实现总资产收入增长和营业收入增长高于均值的高预期增长组中，在2013年的占比最低，仅为6%，但在之后的年份中，高预期增长组的占比不断回升；同时，在战略性新兴产业中，创业企业实现总资产收入增长和营业收入增长低于均值的适中增长组中，2013年的比重占比最高，为89%，在之后的年份中，这一占比不断降低。这是由于在融资方面，我国政府以更大力度推动缓解中小企业融资难融资贵问题，引导金融机构进一步加大对专精特新中小企业的支持力度，继续实施小微企业融资担保降费奖补政策，对接多层次资本市场，支持更多符合条件的优质中小企业上市、挂牌融资。由此说明，中国经济结构不断优化，并逐渐实现高质量发展。

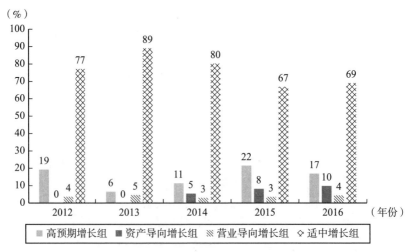

图3-7　创业企业总资产收入增长和营业收入增长路径的年限占比分布

3.1.2 创业企业长期战略决策表现

20 世纪 70 年代末 80 年代初，随着战略学者开始由战略内容聚焦领域向战略过程聚焦领域转移，企业长期战略决策逐渐受到战略管理学者的重视（杜运周等，2008）。战略内容学者认为，企业长期战略决策过程实则为企业进入一个事业单元的过程，而事业单元的核心问题是企业选择进入什么样的事业群簇，即企业需要确定组织的运营领域、资源筹措以及资源转换方案以及产品市场关系类型。战略过程学者们则开始关注企业长期战略决策过程，即企业领导者采用什么样的领导模式、决策风格以及战略实施等，经过这一系列过程使企业具有长期战略导向行为。因此，企业长期战略决策过程也被战略过程学者从不同的视角对其进行解读：开展新的技术或新的研发、新的组织方式、发现市场上新的机会以及提高风险承担意识等（Bourgeois，1980）。战略过程学者将研究视角从针对传统组织微观层面的短期绩效决策与行为拓展到整个组织宏观层次的长期战略决策，因此激起了对于企业创新绩效的广泛关注。

进一步地，借助战略学者的有关理论，我们可以解释，为什么绝大多数创业企业通过创业板上市实现总资产收入和营业收入的增长？而有的创业企业却无法实现增长？这是由于，创业企业要获取市场的认可主要源于企业的经营能力所反映的资产收益率，而总资产收入增长和营业收入增长程度是外部机构评判创业企业短期绩效提升的重要指标，但外部投资者和用户还需要从长期的角度来判断创业企业的可持续经营能力。因此，进一步评判创业企业研发投资情况就显得十分有必要。

截至 2016 年底，1516 家创业板上市的创业企业研发总投入平均数为 1.58 亿元，较 2015 年度平均数的 1.44 亿元增加了 9.72%，表明创业企业研发投入在整体上出现了较大程度增长。同时，根据研发投入总量增长率为基准，本书将创业企业归类为三类：第一类，研发投入较上一年度增长率大于或等于 9.72%，为高成长组；第二类，研发投入较上一年度增长率介于0~9.72%，为适度成长组；第三类，将研发投入较上一年度增长率小于0，为受限成长组。

如图3-8所示，通过分析，属于高成长组的创业企业占比为46%，较上一年减幅了-80.43%；属于适度成长组的创业企业占比为47%，较上一年增幅了85.11%；属于受限成长组的创业企业占比为7%，较上一年减幅了-42.86%。进一步分析发现，创业企业中高成长组、适度成长组、受限成长组在2016年研发投入上，适度成长组的创业企业研发投入均值要比高成长组的研发投入均值高出了3.82%，较受限成长组研发投入均值高出了563.41%。由此，本书可以从统计上推断出，一方面，研发投入水平在统计上呈现倒U型关系，适度成长组的创业企业的研发投入水平较高，高成长组的创业企业和受限成长组的研发投入水平相对较低；另一方面，从时间上可以看出，适度成长组的研发投入均值在大幅度增加，而高成长组中，研发投入水平却在降低，且受限成长组研发投入均值也在较小幅度地降低。

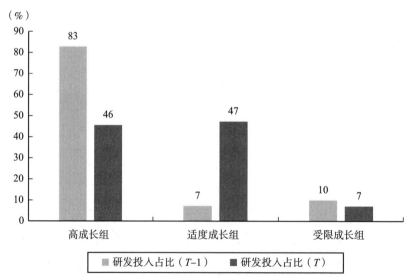

图3-8 创业企业研发投入增速占比分布

从表 3 - 2 进一步分析发现，在受限成长组的创业企业，往往更容易出现创业企业在研发投入数量上低于预期的分布情况，而处于高成长组的创业企业，研发投入的企业数量往往大幅度高于预期：在创业企业研发投入高于预期中，有 557 家（74.66%）创业企业属于高成长组，这一数据远远高于受限成长组 169 家（22.65%）和适度成长组 20 家（2.68%）；在创业企业研发投入低于预期中，有 471 家（61.17%）创业企业属于受限成长组，这一数据远远高于高成长组 236 家（30.65%）和适度成长组 63 家（8.18%）。

表 3 - 2   创业企业研发投入变动情况

组别	低于预期（T）			高于预期（T）		
	数量（家）	比例（%）	均值	数量（家）	比例（%）	均值
受限成长	471	61.17	0.51	169	22.65	2.54
适度成长	63	8.18	0.13	20	2.68	3.66
高成长	236	30.65	0.38	557	74.67	2.44
合计	770	100.00	1.02	746	100.00	8.64

同时，通过对不同预期组中创业企业研发投入均值的分析（见图 3 - 9），发现在低预期的研发投入中，适度成长组的均值为 0.13 亿元，要低于受限成长组的 0.51 亿元，也低于高成长组的 0.38 亿元，因此，在低于预期时，研发投入均值在不同成长水平上呈现 U 型关系。而在高于预期的研发投入中，适度成长组的均值 3.66 亿元，要高于受限成长组的 2.54 亿元，也高于高成长组的 2.44 亿元，因此，在高于预期时，研发投入均值在不同成长水平上呈现倒 U 型关系。也就是说，在不同研发投入水平（受限成长组—适度成长组—高成长组）上，研发投入均值之间的关系由低于预期的 U 型关系变为高于预期的倒 U 型关系。由此可以进一步说明，研发投入在统计上呈现倒 U 型关系。

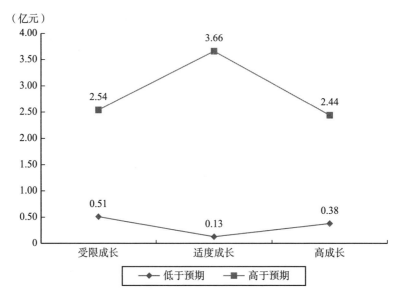

图 3-9　不同预期组中创业企业研发投入均值分布

3.2　企业层面特征及其业绩影响

3.2.1　企业地域分布及其经营和创新绩效影响

从国家发展的视角来看，由国务院促进中小企业发展工作领导小组亲自指挥，工信部中小企业局大力推进的"百十万千"工程，旨在构建我国中小企业的梯度培养体系。该体系包括至 2025 年培育 100 万家创新型中小企业、10 万家"专精特新"中小企业、1 万家"专精特新"小巨人企业和1000 家单项冠军。其中，"专精特新"中小企业的区域培育是整个体系的关键，也是我国涌现更多单项冠军的基础。单项冠军的内涵类似于德国管理学思想家西蒙所指的"隐形冠军"，它们是产业链创新发展的关键，也是提升我国产业核心竞争力的基石。习近平总书记在致 2022 年全国专精特新中小企业发展大会的贺信中指出，希望专精特新中小企业要聚焦主业、精耕细作，在提升产业链供应链稳定性、推动经济社会发展中发挥更加重要的作用。因此，各地区创业企业的孵化是深入贯彻国家重大发展战略、建设创新型国家的重要支撑，也是跨越"中等收入陷阱"、实现经济高质量发展的重要保障。

　　基于此，本节主要分析创业企业所在的区域分布对于创业企业业绩和创新绩效的影响。具体而言，按照中国区域划分，本书将1516家创业企业分布区域划分为华北、华东、东北、华中、华南、西南、西北七个区域。其中，创业企业主要分布在华东、华南和华北等地区，企业数量分别为581、341、334，总占比高达82.85%，而分布在华中、西南、东北以及西北地区的创业企业数量分别为110、68、51、31，仅占到17.15%，如图3-10所示。

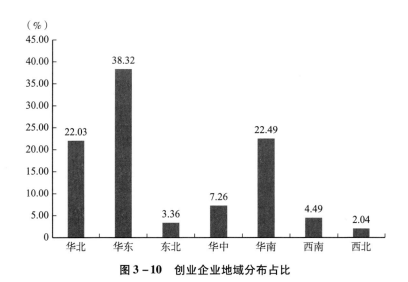

图3-10　创业企业地域分布占比

　　首先，创业企业地域差异与创业企业总资产收入呈现显著的负相关（相关系数-0.103，$p=0.000$）；创业企业地域差异也与创业企业营业收入呈现显著的负相关（相关系数-0.056，$p=0.029$）。这一结果表明，从华北地区到西北地区的总资产收入和营业收入均呈现出递减的趋势。同时，基于地域的分组，创业企业营业收入并未表现出显著性的差异，但在总资产收入（$F = 4.35$，$p = 0.000$）和研发投入（$F = 3.65$，$p = 0.001$）方面均表现出显著性的差异。

当通过对业绩指标的平均数和个数进行分析发现，地域差异对创业企业总资产收入、营业收入具有明显的影响效应，如表 3 - 3 所示。其中，就经营绩效来说，华北地区的总资产收入平均数为 25.7 亿元，显著高于其他地区的总资产收入平均数；华北地区的营业收入平均数为 10.3 亿元，也显著高于其他地区的总资产收入平均数。这主要源于北京政治经济文化中心所带来的联动效应。而创业企业研发投入平均数从东北、华南、华北、华中、华东、西南、西北地区依次呈现出递减的趋势。

表 3 - 3　　　　　　创业企业地域与经营与创新绩效差异　　　　　单位：亿元

业绩指标		华北	华东	东北	华南	华中	西南	西北
总资产	平均数	25.7	21.4	17.5	14.7	19.1	15.8	18.7
	个数	334	581	51	110	341	68	43
营业收入	平均数	10.3	10.1	7.8	6.3	9.0	9.0	4.8
	个数	334	581	51	110	341	68	43
研发投入	平均数	1.7	1.2	2.3	2.1	1.6	0.6	0.6
	个数	334	581	51	110	341	68	43

本书进一步将经济区域划分为东部、中部和西部三个地区，以进一步探究区域对创业企业总资产收入、营业收入和研发投入的影响。如图 3 - 11 所示，可以进一步发现创业企业的不同地域分布对其总资产收入、营业收入和研发投入存在显著影响。东部地区创业企业的总资产收入、营业收入，显著高于中部地区和西部地区。但是，中部地区创业企业研发投入显著高于东部地区和西部地区，说明中部地区创业企业在研发投入方面的区域差异在逐渐缩小。

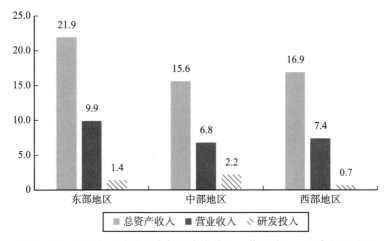

图3-11 创业企业地域分布与总资产收入、营业收入、研发投入差异

基于以上分析，创业企业不同地域分布对创业企业总资产收入、营业收入以及研发投入具有一定影响，特别是在东部、西部、中部的创业企业的总资产收入、营业收入以及研发投入上存在较大影响。因此，可以初步形成的判断是：在华北地区、华东地区、华南地区以及部分东北地区的创业企业在总资产收入、营业收入以及研发投入上要优于中、西部地区。可能的原因是：首先，不同区域的金融市场状况是对创业企业绩效影响较大的因素之一。东部地区由于市场化程度较高，金融市场更加完善，创业企业可以通过多种渠道获得融资，包括银行贷款、风险投资、私募股权等。而在西部地区，由于市场化程度较低，金融市场相对不成熟，创业企业融资渠道相对较少，这也会对企业绩效产生影响。其次，不同区域的创新环境，东部地区市场化程度高，同时拥有更多的创新资源和创新机会，这为创业企业的发展提供了更多的机遇。相比之下，西部地区的创新环境相对较差，创业企业的发展机会相对较少。再次，不同区域的政策支持，不同地区政府对创业企业的政策支持也会影响企业绩效。东部地区市场化程度高，政府更加注重鼓励创新创业，会出台相应的政策支持创业企业的发展。而西部地区由于经济较为落后，政府更加注重发展传统产业，对创业企业的政策支持相对较少。最后，地域差异可能会产生一定的合法性偏见，客户和投资者可能对中西部地区的创业企业的实力存在偏见和不信任。

3.2.2 企业所在行业及其经营和创新绩效的影响

当今社会，数字技术所带来的科技变革日新月异，不同企业之间在产品推出速度、创新研发等方面的竞争日趋激烈。企业通过新产品、新市场、新工艺、新场景的投入，以获得相对于竞争对手的决定性优势。理查德和桑斯坦（Richard & Sunstein，2008）在《助推》中提出了重要观点：同侪压力作为社会影响的一种特殊现象，可以起到决策助推的作用。从现实情况看，企业会利用情报收集系统来持续跟踪行业科技的发展并进行积极的决策回应。因此，创业企业绩效很容易受到不同行业特征的影响。对于非战略性新兴行业而言，其知识、技术等要素在行业生产中不占据主导地位，因此其长期战略决策容易分散创业企业所能运用的关键异质性资源。同时，从短期绩效来看，其所能带来的直接绩效收益在短期上也难以显现。而战略性新兴行业，虽然知识和技术等要素占据较高比例，但企业自身能力的差异性，也会导致企业利用外部资源、信息的数量和质量受到行业不同特质因素的影响。长期来看，长期战略决策带来的直接效益容易受到同类型企业资源壁垒的限制。而从短期来看，可能一定程度上削弱创业企业在知识深度探索的要素投入。尤其是在产品周期短、技术更新频率高的高新技术行业中，长期战略决策可能会削弱创业企业的比较优势，难以对企业绩效造成积极影响。

因此，这一部分主要分析创业企业所在行业对于总资产收入、营业收入以及研发投入的影响。具体而言，根据其招股说明书及年报，将大数据与物联网、新兴技术制造业、人工智能、高端装备、新能源等领域的创业企业划分为战略性新兴产业和非战略性新兴产业。如图 3 - 12 所示，创业企业中战略性新兴产业主要有 1277 个，占比 84.23%；而非战略性新兴产业有 239 个，占比 15.77%。

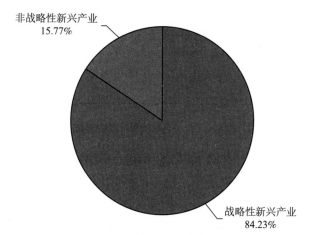

图 3 - 12　创业企业行业分布数量

首先，创业企业中总资产收入与企业所在行业负相关（相关系数 -0.12，$p=0.000$）。营业收入与创业企业所在行业负相关（相关系数 -0.05，$p=0.000$）。研发投入与创业企业所在行业正相关（相关系数 0.12，$p=0.000$）。这一结果表明创业企业所在行业与其经营情况、创新绩效具有很强的关联程度。进一步检查不同行业与经营和创新绩效的差异性，通过 T 检验后发现：创业企业所在行业与总资产收入差异显著（$T=4.54$，$p=0.000$）；创业企业所在行业与营业收入差异显著（$T=2.23$，$p=0.043$）；企业所在行业与研发投入差异显著（$T=-4.87$，$p=0.000$）。

企业所在行业差异对企业年度业绩具有影响，总体来说，战略性新兴产业和非战略性新兴产业中创业企业的总资产收入、营业收入以及研发投入的平均数均呈现出递增的趋势。但是，由图 3 - 13 和图 3 - 14 可以看出，在总资产收入中，不同年份中战略性新兴产业和非战略性新兴产业的总资产收入相差不大，可能在某些年份来说，非战略性新兴产业的总资产收入要相对较高一些。而在营业收入和研发投入上，战略性新兴产业中创业企业业绩要高于非战略性新兴产业。主要的原因在于，战略性新兴产业中，主要是新一代信息技术产业，投入相对降低，但非常注重创新研发，因此也相应带来较高的回报。而非战略性新兴产业，主要集中在传统制造业等领域，因此这些行业需要高投入，但回报也相对较为缓慢。

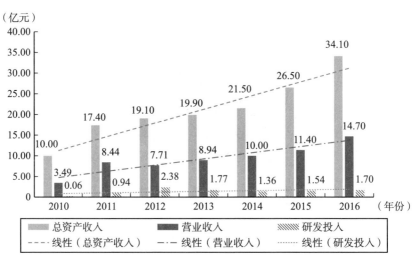

图 3 - 13　创业企业行业分布（战略性新兴行业）年度业绩趋势

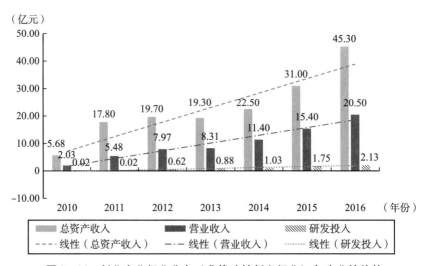

图 3 - 14　创业企业行业分布（非战略性新兴行业）年度业绩趋势

　　本书进一步根据不同年份对创业企业研发投入在不同行业的差异性进行分析。研究结果表明，在 2010 年，战略性新兴产业与非战略性新兴产业在创业企业研发投入方面差异显著（$T = -1.91$，$p = 0.050$）；在 2011 年，战略性新兴产业与非战略性新兴产业在创业企业研发投入方面差异显著（$T = -2.86$，$p = 0.005$）；在 2012 年，战略性新兴产业与非战略性新兴产业在创业企业研发投入方面差异显著（$T = -2.04$，$p = 0.043$）；在 2013 年，战略性新兴产业与非战略性新兴产业在创业企业研发投入方面差异显著（$T = -2.50$，$p = 0.013$）；在 2014 年，战略性新兴产业与非战略性新兴产业在创业企业研发投入方面差异不显著（$T = -1.29$，$p = 0.200$）；在 2015 年，战略性新兴产业与非战略性新兴产业在创业企业研发投入方面差异不显著（$T = -1.31$，$p = 0.194$）；在 2016 年，战略性新兴产业与非战略性新兴产业在创业企业研发投入方面差异显著（$T = -2.11$，$p = 0.034$）。

此外，本书还进一步探究了不同行业中创业企业总资产收入增长、营业收入增长以及研发投入增长的差异性。结果显示：创业企业所在行业与总资产收入增长率差异显著（$T = 2.74$，$p = 0.006$）。但是，创业企业所在行业与营业收入增长率和研发投入增长差异性不显著。另外，在战略性新兴产业中，创业企业总资产收入增长率的平均数（19.7 亿元）和营业收入增长率的平均数（8.9 亿元）远远低于非战略性新兴产业总资产收入增长率的平均数（27.5 亿元）和营业收入增长率的平均数（11.4 亿元）。但是，战略性新兴产业中，创业企业研发投入增长率的平均数（1.6 亿元）要高于非战略性新兴产业研发投入增长率的平均数（0.5 亿元）。这进一步说明企业之间存在资源差异性和资源壁垒的限制，因此，企业在利用外部资源、信息的数量和质量会受到行业不同因素的影响。

基于以上分析，企业行业差异对创业企业的经营绩效和创新绩效有一定影响，其中，总体上来说，战略性新兴相关产业的总资产收入和营业收入要低于非战略性新兴产业，而研发投入要高于非战略性新兴产业，出现这种情况的原因可能是：第一，战略性新兴相关产业已经逐渐扩大经营范围，朝着数字平台乃至数字生态系统的方向发展，尤其是信息技术产业仍保持其纵向创新活力和激情；第二，战略性新兴相关产业的业务范畴具有开放性，相比之下具有更强的私密性，更加需要用相应的研发投入来保持持续盈利。

3.2.3　创业企业成立年限及其经营和创新绩效影响

根据组织学习理论，当企业在进入某一特定领域经营并持续累积了大量经验后，其企业变革的难度会逐渐增加，并且这种固有能力的积累将增强企业在这些领域的竞争力，这一过程被称为企业老化。即企业年龄增长对企业绩效产生影响。如果这种积累的经验提高了企业的绩效，那么企业更有可能采取某种行动。企业吸收某一领域的新技术与知识，必须具备一定的相关知识的积累。这是因为，首先，如果企业缺乏某种必备知识体系，将无法识别该领域的技术创新机会，也无法明确创新机会对企业的重要性；其次，即使企业识别出这种创新机会，由于缺乏足够的存量知识积累，也会阻碍企业将这种机会转化为实际生产力。显然，投入力度已成为高科技市场能否取得成功的先决条件。上述观点表明，随着环境的日益变化，企业的核心技术会随着企业的年龄增加而过时，过时是因为外部环境的变化而导致的，而不是因为内部组织效率下降。例如，加西亚－克韦多等（García－Quevedo et al.，2014）认为，相较于成熟竞争企业，年轻企业在获取资源和能力方面存在一定不足，供应商和客户往往不太相信其具备相应能力，更倾向于选择已建立联系的成熟企业进行交易。另外，经验丰富的企业在长期行业竞争中已积累了充足的活动执行力知识和经验，并拥有独特的健全体系，特别是在研发活动中所获得的收益，更显露出企业的专业知识能力，从而有助于提升企业的创新能力和核心竞争力，进而提高企业绩效。而拉菲克等（Rafiq et al.，2016）通过选择中国和美国的矿业公司作为样本，得出结论：相较于行业内年轻企业，一个年龄大的成熟企业更倾向于研发投入，并且其绩效会因研发活动而增加4.4%的营业收入和7.2%的收益。

因此，这一部分主要分析创业企业成立年限对于创业企业经验和创新绩效的影响。创业企业成立年限在14年以内的有795家，占比为52.44%；成立年限在14年及以上的企业有721家，占比为47.56%。同时，创业企业成立年限为 14 年以内的创业企业组的平均成立年限为 10.2 年，14 年及以上的创业企业组的平均成立年限为 16.8 年，如图 3 - 15 所示。

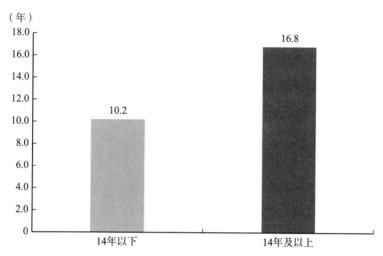

图 3 - 15 创业企业组的平均成立年限

首先，创业企业成立年限差异与创业企业当年年底的总资产收入显著正相关（相关系数 0.072，$p = 0.041$），表明随着创业企业成立年限增加，创业企业总资产收入呈现出递增的趋势；创业企业成立年限差异与创业企业当年年底的营业收入显著正相关（相关系数 0.078，$p = 0.026$），这一结果表明，随着创业企业成立年限递增，创业企业营业收入呈现出递增的趋势。但是，创业企业成立年限差异与创业企业研发投入关系不显著（相关系数 -0.049，$p = 0.166$）。

同时，基于创业企业成立年限的分组，创业企业当年年底在总资产收入（$T = 6.541$，$p = 0.000$）、营业收入（$T = 2.722$，$p = 0.007$）方面表现出显著性的差异。由表 3 - 4 可以看出，创业企业成立年限差异对企业的总资产收入、营业收入、研发投入均具有影响，随着创业企业成立年限的增长，企业年底的总资产收入、营业收入、研发投入的平均数呈现出逐步递减的趋势。其中 14 年及以上创业企业的总资产收入的平均数为 18.3 亿元，显著低于 14 年以内创业企业总资产收入的平均数为 27.3 亿元；14 年及以上创业企业的营业收入的平均数为 8.6 亿元，显著低于 14 年以内创业企业营业收入平均数为 11.2 亿元；14 年及以上创业企业的研发投入的平均数为 1.4 亿元，约低于 14 年以内创业企业研发投入 1.6 亿元的平均数。

表 3 - 4　　　　　　　　　**创业企业成立年限与企业业绩差异**　　　　　单位：亿元

业绩指标		14 年以内	14 年及以上
总资产收入	平均数	27.3	18.3
	标准差	3.09	2.19
营业收入	平均数	11.2	8.6
	标准差	1.50	1.75
研发投入	平均数	1.6	1.4
	标准差	0.39	0.29

其次，本书对企业成立年限与创业企业总资产收入增长、营业收入增长以及研发投入增长之间进行了考察。研究发现，基于成立年限进行分组，创业企业当年年底在总资产收入增长率表现出显著的差异性（$T = 1.922$，$p = 0.050$），但在营业收入增长率和研发投入增长率上并未表现出显著的差异。

如表 3 - 5 所示，随着创业企业成立年限的增长，创业企业当年年底的总资产收入增长率和营业收入增长率呈现出逐步递减的趋势。其中 14 年以内创业企业的总资产收入增长率的平均数为 6.8 亿元，显著高于成立 14 年及以上创业企业总资产收入增长率的平均数 5.3 亿元；而 14 年以内创业企业的营业收入增长率的平均数为 2.7 亿元，约高于 14 年及以上创业企业营业收入增长率的平均数 2.6 亿元。但是，14 年以内创业企业的研发投入增长率的平均数为 0.1 亿元，约低于 14 年及以上创业企业研发投入增长率的平均数 0.2 亿元。

业绩指标		14 年以内	14 年及以上
总资产增长率	平均数	6.8	5.3
	标准差	1.55	1.17
营业收入增长率	平均数	2.7	2.6
	标准差	0.71	1.02
研发投入增长率	平均数	0.1	0.2
	标准差	0.49	0.32

表 3 – 5　　　　　　创业企业成立年限与企业业绩增长差异　　　　单位：亿元

最后，本书进一步考虑创业企业年度实际绩效与期望绩效之间的差异，将创业企业划分为绩效顺差和绩效逆差两种类型。在绩效顺差的情况下，创业企业成立年限在 14 年以内的有 659 家，总占比为 51.77%；成立年限在 14 年及以上的企业有 614 家，占比为 48.23%。同时，创业企业成立年限为 14 年以内的创业企业组的平均成立年限为 10.5 年，14 年及以上的创业企业组的平均成立年限为 16.9 年，如图 3 – 16 所示。

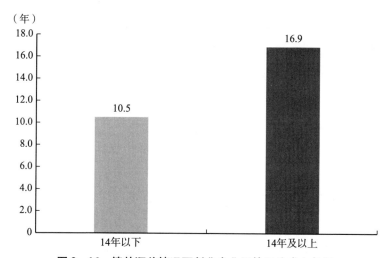

图 3 – 16　绩效顺差情况下创业企业组的平均成立年限

针对绩效顺差情况下创业企业来进行分析，基于成立年限的分组，创业企业在当年年底在总资产收入（$T = 6.177$，$p = 0.000$）、营业收入（$T = 3.089$，$p = 0.002$）、研发投入（$T = -7.846$，$p = 0.000$）上表现出了显著性的差异。就绩效顺差的创业企业而言，同样是 14 年以内创业企业总资产收入均值为 20.0 亿元，显著高于 14 年及以上的创业企业的总资产收入均值 19.5 亿元，但 14 年以内创业企业在营业收入（8.5 亿元）和研发投入（0.7 亿元）的平均数显著低于 14 年及以上的创业企业营业收入（9.3 亿元）和研发投入（0.8 亿元）的平均数，如表 3 - 6 所示。

表 3 - 6　　　　绩效顺差情况下创业企业成立年限与企业业绩差异　　　单位：亿元

业绩指标		14 年以内	14 年及以上
总资产收入	平均数	20.0	19.5
	标准差	2.34	2.34
营业收入	平均数	8.5	9.3
	标准差	1.01	2.03
研发投入	平均数	0.7	0.8
	标准差	1.73	1.84

基于以上分析，企业成立年限对创业企业经营业绩和创新业绩的角色与作用非常值得关注。可以初步形成的判断是：高年限创业企业的总资产收入、营业收入、研发投入水平显著低于低年限创业企业，且高年限创业企业的总资产收入增长率和营业收入增长率水平也低于低年限创业企业；但是低年限创业企业的研发投入增长率低于高年限创业企业。可能的原因是：首先，成立年限更长的创业企业自身拥有更加深厚的资金、技术以及行业认知、市场认知的积累，相较于成立年限较低的创业企业具有更强的实力，已经形成了较为稳定的客户与市场，更易受到客户与投资者的认可。同时，随着企业年龄的增长，创业企业逐渐积累了丰富的资源和经验，可能更加了解市场需求和竞争环境，也更能够灵活调整营销策略，从而满足

市场需求的变化。企业年龄的增长还可能会增强企业的信任度和品牌形象，有利于提高企业的市场竞争力。其次，创业企业开始由高速成长阶段转向稳步发展阶段，追求发展质量，增速逐渐放缓。但是，成立年限较短的创业企业，其业务主要聚焦于战略性新兴产业，因此需要较高的研发投入，其创新性产品也会带来较多的营业收入；如果考虑绩效顺差的情况，成立年限较短的企业绩效情况更好，主要是源于其历史包袱较轻，组织冗余程度较低。最后，企业年龄的增长也可能会增加企业的风险和不确定性。随着企业年龄的增加和市场竞争的加剧，创业企业可能需要更加注重创新和转型升级，以保持持续的竞争优势。同时，企业年龄的增长也可能会增加企业的成本和开支，如人力成本、设备成本等，需要更加精细化的管理才能保持企业的竞争力。

3.2.4 创业企业规模及其经营和创新绩效影响

1942 年，著名经济学家熊彼特提出新增长理论，认为企业规模的增加能够激励企业绩效。一些学者则认为，小规模企业比规模较大的企业更具创新活力，这表明在创新经济时代熊彼特的理论并非总是成立，企业规模与企业绩效的关系受到多种因素的影响。一方面，企业获取绩效的过程具有高度复杂性，创新行为也具有较大风险性，并且创新成果转化为经济绩效的时间较长，导致创业企业无法独立承担创新所带来的成本与风险。相对于创业企业，中大型企业能够获取更多的外部社会资本和金融资本等资源，因此在提升绩效方面受到的资源限制较少。另一方面，根据组织经济学的观点，大企业内部僵化的层级体制缺乏灵活性，过大的企业规模可能会导致组织臃肿、管理效率低下、内部沟通不畅等问题，进而对企业的绩效产生负面影响。

因此，这一部分主要分析创业企业规模（员工人数的对数）对于创业企业经营绩效和创新绩效的影响，本书按照企业规模均值与标准差，将企业规模划分为小型规模企业、中型规模企业以及中大型规模企业。创业企业规模在5.9以内的有247家，总占比为16.29%；企业规模在5.9和7.62之间的创业企业有1050家，占比为69.26%；企业规模在7.62及以上的创业企业有219家，占比为14.45%。同时，如图3-17所示，企业规模在5.9以内的创业企业组的平均企业规模为5.5；企业规模在5.9~7.62的创业企业组的平均企业规模为6.9；企业规模在7.62及以上的创业企业组的平均企业规模为8.2。

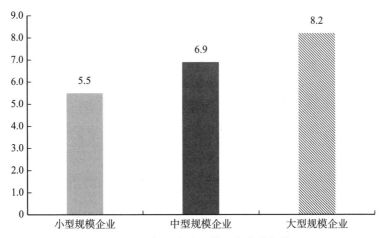

图3-17 创业企业组的平均企业规模

首先，创业企业规模差异与创业企业当年年底的总资产收入显著正相关（相关系数0.431，$p = 0.000$），表明随着创业企业规模增加，创业企业总资产收入呈现出递增的趋势；创业企业规模差异与创业企业当年年底的营业收入显著正相关（相关系数0.364，$p = 0.000$），这一结果表明，随着创业企业规模增加，创业企业营业收入呈现出递增的趋势。但是，创业企业规模差异与创业企业研发投入关系不显著（相关系数0.023，$p = 0.369$）。

同时，基于创业企业规模的分组，创业企业当年年底在总资产收入（$F = 141.72$，$p = 0.000$）、营业收入（$F = 84.62$，$p = 0.000$）方面表现出显著性的差异。由表3-7可以看出，创业企业规模差异对企业的总资产收入、营业收入均具有影响，随着创业企业规模的增长，创业企业年底的总资产收入、营业收入的平均数呈现出逐步递增的趋势。其中，小型规模的创业企业的总资产收入的平均数为 10.9 亿元，显著低于中型规模的创业企业总资产收入的平均数 18.5 亿元，以及显著低于大型规模的创业企业总资产收入的平均数 43.7 亿元；同理，小型规模的创业企业的营业收入的平均数为 3.7 亿元，显著低于中型规模的创业企业营业收入的平均数 8.1 亿元，以及显著低于大型规模的创业企业营业收入的平均数 21.7 亿元。但是，创业企业规模差异对企业的研发投入的影响不显著，中型规模的创业企业的研发投入均值为 1.6 亿元，要高于小型规模创业企业的研发投入均值 1.2 亿元和大型规模创业企业的研发投入均值 1.3 亿元。这主要可能是，创业企业规模与研发投入水平之间呈现倒 U 型关系。

表 3 - 7　　　　　　　　创业企业规模与企业业绩差异　　　　　　单位：亿元

业绩指标		小型规模	中型规模	大型规模
总资产收入	平均数	10.9	18.5	43.7
	标准差	0.99	1.61	4.67
营业收入	平均数	3.7	8.1	21.7
	标准差	1.34	1.65	2.12
研发投入	平均数	1.2	1.6	1.3
	标准差	0.28	0.34	0.29

其次，本书对创业企业规模与创业企业总资产收入增长、营业收入增长以及研发投入增长之间进行了考察。研究发现，基于企业规模进行分组，创业企业当年年底在总资产收入增长率表现出显著的差异性（$F = 54.67$，$p = 0.000$）；创业企业当年年底在营业收入增长率表现出显著的差异性（$F = 19.37$，$p = 0.000$），但在研发投入增长率上并未表现出显著的差异。

由表 3 - 8 可以看出，创业企业规模差异对企业的总资产收入增长率、营业收入增长率均具有影响，随着创业企业规模的增长，创业企业年底的总资产收入增长率、营业收入增长率的平均数呈现出逐步递增的趋势。其中小型规模的创业企业的总资产收入增长率的平均数为 2.0 亿元，显著低于中型规模的创业企业总资产收入增长率的平均数 4.7 亿元，以及显著低于大型规模的创业企业总资产收入增长率的平均数 14.1 亿元；同理，小型规模的创业企业的营业收入增长率的平均数为 0.6 亿元，显著低于中型规模的创业企业营业收入增长率的平均数 2.2 亿元，以及显著低于大型规模的创业企业营业收入增长率的平均数 6.1 亿元。但是，创业企业规模差异对企业的研发投入增长率的影响不显著，中型规模的创业企业的研发投入增长率均值为 0.1 亿元，要低于小型规模创业企业的研发投入增长率均值 0.2 亿元和大型规模创业企业的研发投入增长率均值 0.5 亿元。这可能说明，创业企业规模与研发投入增长率水平之间呈现 U 型关系。

表 3 – 8　　　　　　　创业企业成立年限与企业业绩增长差异　　　　单位：亿元

业绩指标		小型规模	中型规模	大型规模
总资产收入增长	平均数	2.0	4.7	14.1
	标准差	0.46	0.85	2.55
营业收入增长	平均数	0.6	2.2	6.1
	标准差	0.18	0.97	1.01
研发投入增长	平均数	0.2	0.1	0.5
	标准差	0.28	0.41	0.33

最后，本书进一步考虑创业企业年度实际绩效和期望绩效之间的差异，将创业企业划分为绩效顺差和绩效逆差两种类型。在绩效顺差的情况下，小型规模的创业企业有 13 家，总占比为 7.10%；中型规模的创业企业有 127 家，占比为 69.40%；大型规模的创业企业有 43 家，占比为 23.50%。同时，如图 3 – 18 所示，小型规模创业企业组的企业规模平均数为 5.5，中型规模创业企业组的企业规模平均数为 6.9，大型规模创业企业组的企业规模平均数为 8.3。

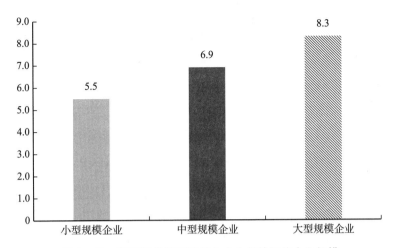

图 3 –18　绩效顺差情况下创业企业组的平均企业规模

　　针对绩效顺差情况下创业企业来进行分析，基于企业规模的分组，创业企业挂当年年底在总资产收入（$F = 123.56$，$p = 0.000$）、营业收入（$F = 71.94$，$p = 0.000$）、研发投入（$F = 3.88$，$p = 0.021$）上表现出了显著性的差异。就绩效顺差的创业企业而言，由表 3 – 9 可以看出，创业企业规模差异对企业的总资产收入、营业收入均具有影响。在绩效顺差的情况下，随着创业企业规模的增长，创业企业年底的总资产收入、营业收入的平均数呈现出逐步递增的趋势。其中小型规模的创业企业的总资产收入的平均数为 10.3 亿元，显著低于中型规模的创业企业总资产收入的平均数 17.6 亿元，以及显著低于大型规模的创业企业总资产收入的平均数 42.2 亿元；同理，小型规模的创业企业的营业收入的平均数为 3.6 亿元，显著低于中型规模的创业企业营业收入的平均数 7.8 亿元，以及显著低于大型规模的创业企业营业收入的平均数 20.9 亿元。但是，在绩效顺差的情况下，创业企业规模差异对企业的研发投入的影响呈现非线性，小型规模创业企业和中型规模创业企业的研发投入均值为 0.8 亿元，要约大于大型规模创业企业的研发投入均值 0.4 亿元。这可能说明，在绩效顺差情况下，创业企业规模与研发投入水平之间呈现倒 U 型关系。

表 3-9　　　　　　　　绩效顺差下创业企业规模与企业业绩差异　　　　单位：亿元

业绩指标		小型规模	中型规模	大型规模
总资产收入	平均数	10.3	17.6	42.2
	标准差	0.91	1.57	4.45
营业收入	平均数	3.6	7.8	20.9
	标准差	0.29	1.63	1.73
研发投入	平均数	0.8	0.8	0.4
	标准差	1.67	1.91	1.07

　　基于以上分析，在绩效顺差的前提下，企业规模对创业企业经营业绩和创新业绩的角色与作用非常值得关注。可以初步形成的判断是：在绩效顺差的前提下，规模较大的创业企业的总资产收入和营业水平高于规模较小的创业企业的总资产收入和营业收入水平；但是，不同规模差异下创业企业研发投入水平可能会呈现非线性关系。可能存在的原因是：规模较大的创业企业自身拥有更加深厚的资金、技术以及行业认知、市场认知的积累，相较于规模较小的创业企业具有更强的实力，已经形成了较为稳定的客户与市场，更易受到客户与投资者的认可；但是，在研发投入上，企业需要在前期投入较大的资金进行突破性产品研发，这种新产品一旦研发成功，在一段时间内可以为创业企业带来稳定的现金流。这也符合熊彼特假说，即随着研发投入的增加，企业可以吸引更多高素质人才和技术化设备，开拓更广泛的外部创新网络，从而提高创新成果转化率，提升创新绩效。但在未来的一段时间，也可能给企业的创新动力带来"惰性"，进而选择在原有产品上进行持续性创新。随着市场更新速度加快，原有产品可能不再适合新的市场认知，创业企业又会大量投入研发资金，进行突破性创新。同时，随着企业规模扩大，可能会导致组织臃肿、管理效率低下、内部沟通不畅等问题，这些问题可能对企业的绩效产生负面影响。就如克里斯坦森在《创新者的窘境》一书中认为，一些小型高科技企业可能比大型企业更有创新力和速度，因此绩效也可能会更好。

3.3 行业层面特征及其业绩影响

3.3.1 绩效差距及其经营和创新绩效影响

决策理论对行为的考察塑造了企业行为理论，其将企业视为一个"决策"组织，关注企业决策时的内部特征。这一理论最早被卡内基·梅隆大学校长理查德·西尔特教授（Richard Cyert）和组织决策领域大师詹姆斯·马奇（James March）于 1963 年提出（Cyert & March，1963）。二者通过复杂模型解读作为决策组织的企业，在哪些因素影响下的企业行为能够被预测。回到企业行为理论的经典论述，该理论突出强调了组织决策过程的重要特征，表现为以下三点：第一，组织的决策取决于可能与组织现实存在偏差的信息、评估与期望，而这些决策会受到组织特征以及组织程序的影响；第二，组织时常在有限的"决策选项"中作出选择，这些"决策选项"取决于组织的结构特征与组织开展搜寻的核心；第三，组织间用于实现组织目标、部门目标乃至个体目标的资源含量而呈现差异。在此基础上，企业行为理论指出，管理者会基于其对绩效的期望水平，对组织绩效进行评价。当实际绩效高于期望绩效时，可能诱发组织经验式搜寻与本地化搜寻，影响组织遵循路径依赖效应的问题解决方案查找；而当实际绩效低于期望绩效时，则会诱发组织的问题式搜寻与跨边界搜寻，促进组织在新的场域中寻求问题解决。基于上述理论认知，企业行为理论将行业绩效评价与企业绩效整合起来，用于剖析这些因素如何影响组织行为与组织变革。

因此，这一部分主要分析绩效差距对于创业企业经营绩效和创新绩效的影响。所谓的绩效差距指的是企业年度实际绩效与期望绩效之间的差距。本书按照年度绩效和创业企业实际绩效差距，将绩效差距划分为绩效逆差和绩效顺差：若年度实际绩效与期望绩效的差值为负，则为绩效逆差；若年度实际绩效与期望绩效的差值为正，则为绩效顺差。在对绩效差距进行测量，借鉴格雷夫等（Greve et al.，2003）学者的研究将期望绩效差距定义为过去绩效的指数加权平均数，即期望绩效差距是社会期望水平和历史期望绩效水平的权重累加，社会期望水平是利用行业内所有企业绩效的平均数得到，历史期望绩效水平是利用企业上一年绩效和上两年绩效分别对应不同权重加总得到。如图3-19所示，创业企业中绩效差距为绩效逆差的有725家，占比为47.82%；创业企业中绩效差距为绩效顺差的有791家，占比为52.18%。同时，创业企业中绩效差距为绩效逆差的创业企业组的绩效差距平均数为-0.38；创业企业中绩效差距为绩效顺差的创业企业组的绩效差距平均数为0.04。

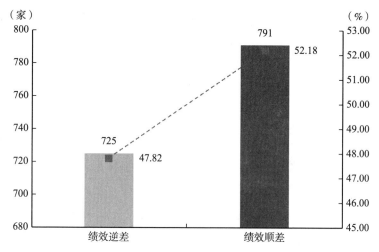

图3-19　绩效差距程度分布数量及占比

首先，绩效差距差异与创业企业当年年底的总资产收入呈现显著负相关（相关系数-0.102，$p=0.000$），表明随着绩效差距程度增加，创业企业总资产收入呈现出递减的趋势；绩效差距差异与创业企业当年年底的营业收入呈现显著负相关（相关系数-0.058，$p=0.024$），表明随着绩效差距程度增加，创业企业营业收入呈现出递减的趋势；绩效差距差异与创业企业当年年底的研发投入呈现显著负相关（相关系数 − 0.501，$p = 0.000$），表明随着绩效差距程度增加，创业企业研发投入呈现出递减的趋势。

同时，基于绩效差距的分组，创业企业当年年底在总资产收入（$T = 4.018$，$p = 0.000$）、营业收入（$T = 2.261$，$p = 0.024$）以及研发投入（$T = 22.502$，$p = 0.000$）方面表现出显著性的差异。由表 3 − 10 可以看出，绩效差距的差异性对企业的总资产收入、营业收入以及研发投入可能具有负向影响，随着绩效差距程度的加深，创业企业年底的总资产收入、营业收入以及研发投入的平均数呈现出递减的趋势。其中，绩效逆差的创业企业的总资产收入的平均数为 26.7 亿元，显著高于绩效顺差的创业企业总资产收入的平均数 19.8 亿元；而绩效逆差的创业企业的营业收入增长率的平均数为 11.6 亿元，高于绩效顺差的创业企业营业收入的平均数 8.9 亿元；绩效逆差的创业企业的研发投入的平均数为 5.2 亿元，显著高于绩效顺差的创业企业研发投入的平均数 0.7 亿元。

表 3 − 10　　　　　　　创业企业绩效差距与企业业绩差异　　　　　　单位：亿元

业绩指标		绩效逆差	绩效顺差
总资产收入	平均数	26.7	19.8
	标准差	2.96	2.34
营业收入	平均数	11.6	8.9
	标准差	2.11	1.59
研发投入	平均数	5.2	0.7
	标准差	0.57	0.18

其次，本书对绩效差距与创业企业总资产收入增长、营业收入增长以及研发投入增长之间进行了考察。研究发现，绩效差距与创业企业当年年底的研发投入增长呈现显著负相关（相关系数 − 0.401，$p = 0.000$），表明随着绩效差距程度增加，创业企业研发投入增长呈现出递减的趋势；绩效差距差异与创业企业当年年底的总资产收入增长和营业收入增长之间的相

关性不显著。同时，基于绩效差距的分组，创业企业当年年底在研发投入增长（$T = 15.491$，$p = 0.000$）方面表现出显著性的差异。但是，绩效差距差异在当年年底总资产收入增长和营业收入增长上没有显著的差异。

由表 3 – 11 可以看出，绩效差距对企业的营业收入增长、研发投入增长可能具有影响，随着绩效差距程度的加深，创业企业年底的营业收入增长的平均数呈现出递增的趋势；而随着绩效差距程度的加深，创业企业年底的研发投入增长的平均数呈现出递减的趋势。但是，绩效差距对企业的总资产收入增长的影响不明显。其中绩效差距为绩效逆差的创业企业的总资产收入增长的平均数为 5.9 亿元，与绩效差距为绩效顺差的创业企业总资产收入增长的平均数一样；而绩效差距为绩效逆差的创业企业的营业收入增长的平均数为 2.3 亿元，显著低于绩效差距为绩效顺差的创业企业营业收入增长的平均数 2.7 亿元；绩效差距为绩效逆差的创业企业的研发投入增长的平均数为 3.3 亿元，显著高于绩效差距为绩效顺差的创业企业研发投入增长的平均数为 – 0.6 亿元。

表 3 – 11　　　　　　　创业企业绩效差距与企业业绩增长差异　　　　　　单位：亿元

业绩指标		绩效逆差	绩效顺差
总资产收入增长	平均数	5.9	5.9
	标准差	1.36	1.31
营业收入增长	平均数	2.3	2.7
	标准差	1.12	0.88
研发投入增长	平均数	3.3	– 0.6
	标准差	0.69	0.21

基于以上分析，绩效差距对创业企业经营业绩和创新业绩的角色与作用非常值得关注。可以初步形成的判断是：绩效差距为绩效顺差的创业企业的总资产收入、营业收入以及研发投入要高于绩效差距为绩效逆差的创业企业的总资产收入、营业收入以及研发投入。这可能的原因在于：当公

司实际绩效低于资本市场期待的经营水平时，增加员工工资、研发投入、兼并重组等并不能立即提升公司绩效，反而可能因增加额外费用而使绩效表现更加糟糕。为夸大短期绩效，经理人可能会选择性地减少那些不会立刻对绩效产生负面影响的开支。在诸多选择中，减少相应的组织支出成为经理人提高短期绩效的最佳选择。因此，在公司实际绩效未达到资本市场经营预期的情况下，随着经营预期与实际绩效之间的差距增大，管理者将进一步减少相应组织支持以便在下一期能实现资本市场的经营预期。然而，在公司实际绩效超越资本市场的经营预期后，虽然提高了公司在资本市场的声望，降低了管理者因绩效未达预期而遭受惩罚或降薪的风险，但实现经营预期目标却可能增加经理人在下一阶段再次实现绩效目标的难度。

3.3.2　市场竞争及其经营和创新绩效影响

本节主要分析市场竞争对于创业企业经营绩效和创新绩效的影响。本书的市场竞争借鉴了樊纲等（2011）关于市场化指数的研究，从政府与市场的关系、非国有经济的发展、产品市场的发育程度、要素市场的发育程度、市场中介组织发育和法律制度环境五个方面反映市场化的进展。其中，正向基础指标根据各省的基期年份的最小值和最大值来分别定义为 0 分和 10 分；负向基础指标根据各省的基期年份的最小值和最大值来分别定义为 10 分和 0 分。同时，根据每个省份基期年份的指标值与最大和最小指标值的相对位置确定它们的得分，从而形成与该指标对应的基础指数。然后，将形成的基础指数合成上一级指数，五个指数累加后形成市场化指数，即市场竞争。本书按照市场竞争的均值和标准差，将市场竞争划分为竞争程度低、竞争程度中以及竞争程度高。如图 3 - 20 所示，创业企业中市场竞争数量在 7.2 以内的有 137 家，总占比为 9.04%；创业企业中市场竞争数量在 7.2 ~ 11 有 492 家，占比为 32.45%；创业企业中市场竞争数量在 11 及以上有 887 家，占比为 58.51%。

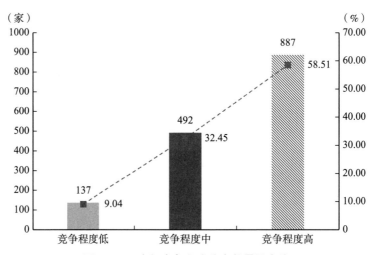

图 3 - 20　市场竞争程度分布数量及占比

首先，市场竞争差异与创业企业当年年底的总资产收入呈现显著负相关（相关系数 - 0.208，p = 0.000），表明随着市场竞争程度增加，创业企业总资产收入呈现出递减的趋势；市场竞争差异与创业企业当年年底的总资产收入呈现显著负相关（相关系数 - 0.145，p = 0.000），表明随着市场竞争程度增加，创业企业营业收入呈现出递减的趋势；市场竞争差异与创业企业当年年底的总资产收入呈现显著负相关（相关系数 0.330，p = 0.000），表明随着市场竞争程度增加，创业企业研发投入呈现出递增的趋势。

同时，基于市场竞争的分组，创业企业当年年底在总资产收入（F = 65.19，p = 0.000）、营业收入（F = 35.96，p = 0.000）以及研发投入（F = 112.95，p = 0.000）方面表现出显著性的差异。由表 3 - 12 可以看出，市场竞争差异对企业的总资产收入、营业收入可能具有非线性影响，随着市场竞争程度的加深，创业企业年底的总资产收入和营业收入的平均数呈现出"先增后减"的趋势；而随着市场竞争程度的加深，创业企业年底的研发投入的平均数呈现出递增的趋势。其中市场竞争程度中的创业企业的总资产收入的平均数为 30.1 亿元，显著高于市场竞争程度低的创业企业总资产收入的平均数 23.1 亿元，以及高于市场竞争程度高的创业企业总资产收入的平均数 15.5 亿元；而市场竞争程度中的创业企业的营业收入的平均数为 14.4 亿元，显著高于市场竞争程度低的创业企业营业收入的平均数 9.2 亿元，以及高于市场竞争程度高的创业企业营业收入的平均数 6.6 亿元；市场竞争程度低的创业企业的研发投入的平均数为 0.06 亿元，约低于市场竞争程度中的创业企业研发投入的平均数 0.07 亿元，以及低于市场竞争程度高的创业企业研发投入的平均数 2.4 亿元。

表 3 – 12 　　　　　　　　创业企业市场竞争与企业业绩差异　　　　　　　　单位：亿元

业绩指标		竞争程度低	竞争程度中	竞争程度高
总资产收入	平均数	23.1	30.1	15.5
	标准差	2.44	3.32	1.62
营业收入	平均数	9.2	14.4	6.6
	标准差	0.92	2.69	0.72
研发投入	平均数	0.06	0.07	2.4
	标准差	0.06	0.06	0.39

其次，本书对市场竞争与创业企业总资产收入增长、营业收入增长以及研发投入增长之间进行了考察。研究发现，市场竞争差异与创业企业当年年底的总资产收入增长呈现显著负相关（相关系数 -0.119，$p = 0.000$），表明随着市场竞争程度增加，创业企业总资产收入增长呈现出递增的趋势；市场竞争差异与创业企业当年年底的营业收入增长呈现显著负相关（相关系数 -0.083，$p = 0.003$），表明随着市场竞争程度增加，创业企业营业收入增长呈现出递增的趋势；市场竞争差异与创业企业当年年底的研发投入增长呈现显著正相关（相关系数 0.303，$p = 0.000$），表明随着市场竞争程度增加，创业企业研发投入增长呈现出递增的趋势。同时，基于市场竞争的分组，创业企业当年年底在总资产收入增长（$F = 19.49$，$p = 0.000$）、营业收入增长（$F = 16.64$，$p = 0.000$）以及研发投入增长（$F = 79.54$，$p =$

0.000）方面表现出显著性的差异。

由表3-13可以看出，市场竞争差异对企业的总资产收入增长率、营业收入增长率、研发投入增长可能具有影响，随着市场竞争程度的加深，创业企业年底的总资产收入增长的平均数呈现出"先增后减"的趋势；而随着市场竞争程度的加深，创业企业年底的营业收入增长的平均数呈现出"先增后减"的趋势；随着市场竞争程度的加深，创业企业年底的研发投入增长的平均数呈现出递减的趋势。其中市场竞争程度中的创业企业的总资产收入增长的平均数为8.6亿元，显著高于市场竞争程度低的创业企业总资产收入增长的平均数5.8亿元，以及高于市场竞争程度高的创业企业总资产收入增长的平均数3.8亿元；而市场竞争程度中的创业企业的营业收入增长的平均数为4.5亿元，显著高于市场竞争程度低的创业企业营业收入增长的平均数1.7亿元，以及高于市场竞争程度高的创业企业营业收入增长的平均数1.4亿元；市场竞争程度低和市场竞争程度中的创业企业的研发投入增长的平均数为-1.2亿元，低于市场竞争程度高的创业企业研发投入增长的平均数1.4亿元。

表3-13　　　　　　　　创业企业市场竞争与企业业绩增长差异

业绩指标		竞争程度低	竞争程度中	竞争程度高
总资产收入增长	平均数	5.8	8.6	3.8
	标准差	1.79	1.49	0.97
营业收入增长	平均数	1.7	4.5	1.4
	标准差	0.46	1.41	0.27
研发投入增长	平均数	-1.2	-1.2	1.4
	标准差	0.23	0.37	0.39

基于以上分析，市场竞争对创业企业经营业绩和创新业绩的角色与作用非常值得关注。可以初步形成的判断是：市场竞争程度与创业企业的总资产收入、营业收入之间呈现"先增后减"的倒U型关系；市场竞争程度

与创业企业的研发投入之间呈现负增长趋势。这可能的原因在于：首先，过高的市场竞争将导致企业利润下降，从而影响企业的绩效。例如，在竞争激烈的市场环境下，企业需要提高自身的核心竞争力，以抢占市场份额，打破市场垄断，创造更高的营收和利润。其次，市场竞争的激烈也可能会使企业过于注重短期效益，而忽视了长期发展和社会责任。例如，市场竞争程度高，表示外部环境不确定性加剧，同行业之间的竞争，可能导致出现"价格战"等手段，从而影响总资产收入和营业收入；而市场竞争程度较低，虽然可以避免同行业之间的恶性竞争，但是也可能会由于政策原因而业绩减少。最后，外部竞争加剧，也有可能激发创业企业加大研发投入，通过新产品的迭代来与竞争对手进行竞争。这是因为，市场竞争可以激发企业创新、提高效率、推动改革、提高市场占有率和提高品牌知名度，从而间接影响企业绩效。为了吸引消费者，企业必须不断提高产品质量和技术水平以及提供更加先进的产品和服务。这种压力推动了企业进行创新和改进，从而提高企业绩效。

第4章　静态视角下创业企业联盟组合对企业业绩的影响

　　资源依赖理论基本假设指出，任何一个组织都没有办法完全实现自给自足，内部资源不能支撑组织生产和运营需求，就需要与外部环境进行交易来获取组织生存和发展所需的外部资源，因此组织需要持续改变行为模式来捕获外部多样性资源。尤其是外部竞争环境急剧变化，单个企业面临的资源约束显得愈加突出。当资源无法获得或难以从市场上购买时，越来越多的企业选择建立战略联盟弥补资源缺口。在这种情况下，企业的活动及其绩效将受到外部联盟主体的影响，这主要基于两种诱因：一种是企业间互相依赖对方的资源；另一种是伴随着它们之间关系演变的历史，企业间易于形成结构性路径依赖。为接触更广泛的资源，越来越多的企业不再依赖单一联盟，而倾向于同时维持多个联盟，嵌入多种实施不同活动和承担不同功能的战略联盟之中，即构建联盟组合。各个联盟不仅单独对企业的行为和绩效产生影响，联盟之间也存在相互影响，它们之间的交互作用作为一个整体影响着焦点企业的运营活动和绩效结果，因此企业倾向于将组合中独立的合作伙伴视为一个彼此关联的整体进行管理。联盟组合研究探讨的即各个联盟之间互相联结而成为整体对企业的影响，而非不同联盟各自的单独影响。

　　因此，在数字经济与平台商业模式重塑整个商业世界的过程中，企业的创新模式产生了由开放式创新对封闭式创新的替代，而企业间的联盟作为核心竞争力最主要的表现形式增长尤其迅速。尤其是对于创业企业，通过对外建立联盟组合来获取创业企业成长所需的多样化资源与知识，成为突破能力陷阱和资源约束，提升创业企业持续竞争优势的主要战略手段之一。这也符合资源基础观所强调的核心逻辑，即企业能够通过占有并发挥资源价值以满足创新创业活动的需求。但是，多样性联盟组合往往表现出高搜索成本、臃肿的管理结构等特点，进而加剧创业企业成长的不确定性和复杂性。那么，本章重点关注联盟组合的两个问题：问题一，是否多样性联盟组合越强，越能促进企业业绩的增长？问题二，若多样性联盟组合阻碍了企业业绩的提升，如何重构已有联盟组合中伙伴—资源逻辑？

4.1 创业企业联盟组合多样性及其业绩变动

竞争环境的变动使得单个企业面临的资源限制更加突显。为应对这一问题，获取并整合市场竞争所需的互补性资源成为关键战略，企业业绩的提升逐渐由单个企业间的竞争转向企业网络间的竞争。在此背景下，战略联盟成为企业间网络关系中最常见且重要的方式，许多企业进一步寻求构建联盟组合，以同时建立并维持多个联盟，从不同合作伙伴处获取多样、有价值的资源，并提高自身的资源储量和获取关系租金的能力。联盟组合中不同联盟间的交互作用会形成一种整体效应。因此，有关联盟的研究已从单一联盟的聚焦转向联盟组合。其中，多样性是联盟组合研究的核心主题，关注焦点企业在特定的时间范围和空间范围内构建和加入联盟类型、数量的差异程度对企业竞争及发展的影响。通过加入不同的联盟组合，焦点企业可以与不同的联盟成员共享资源、知识和信息，扩大焦点企业的业务范围和资源宽度。学者们从不同视角运用不同方法探索了两个相互竞争的方向：一方面，"多即是好"的观点，多样性的联盟组合，可以为焦点企业构建更为广泛的合作伙伴关系，帮助焦点企业实现范围经济和规模经济，进而为焦点企业带来丰富异质的资源、知识和创意，提升企业收入水平。例如，德吉内等（Degener et al. , 2018）指出，企业只有关注并应用内部协调或伙伴选择前瞻能力来管理这些联盟时，才能从一组多样化的外部联盟合作伙伴中实现创新利益，从而成为组合协调者或组合配置器。崔和奥康纳（Cui & O'Connor，2012）通过采用一种投资组合方法，探讨了多个联盟伙伴资源多样性及其对公司创新的贡献。研究认为，在联盟组合中资源和信息共享时，资源多样性才能对创新产生积极影响。另一方面，"多不一定好"的观点，联盟组合越多样，可能会导致联盟组合中资源、知识、功能等属性产生重复，进而导致合作伙伴在不同领域中发生恶性竞争。同时，不同联盟组合之间的差异越大，企业面临的联盟管理和协调成本也将越高，进而增加联盟伙伴机会主义行为，减少联盟伙伴之间知识或资源的传递和共享效率。例如，钟等（Chung et al.，2019）基于一种情境方法，提出了关于联盟组合多样性与创新绩效之间联系的新视角。研究使用了美国制造业 182 家公司的联盟组合和专利的长期数据集，发现联盟组合多样性与公司创新之间存在 U 型关系。此外，内部价值创造能力被发现可以调节联盟组合多样性与创新绩效之间的关系：组织搜索例程增强了联盟组合多样性与创新绩效之间的关系，而技术能力则削弱并颠倒了这种关系。蒋等（Jiang et al.，2010）发现：具有更大的组织和功能多样性以及较低治理多样性的联盟组合与更高的公司绩效相关，而行业多样性与公司绩效之间存在 U 型关系。

而对于创业企业而言，资源弱性和新生劣势是难以绕开的问题，因此，创业企业通过联盟组合来获取知识和资源的重要性不言而喻。那么，在创业板上市的创业企业，其多样性联盟组合是否同样可以获得经营绩效和创新绩效提升？

4.1.1 创业企业联盟组合多样性与企业绩效之间的关系

联盟组合多样性代表了焦点企业参与的联盟组合数量，代表了焦点企业在特定时间范围和空间范围内构建和加入联盟类型、数量的差异程度。因此，这一部分主要以联盟组合规模来测量联盟组合多样性，并从总体上分析联盟组合多样性对于创业企业经营绩效和创新绩效的影响。本书按照联盟组合多样性均值与标准差，将联盟组合多样性划分为小型联盟组合、中型联盟组合以及大型联盟组合。创业企业拥有的联盟组合数量在 4 以内的有 965 家，总占比为 63.65%；创业企业拥有的联盟组合数量在 4 和 9 之间的创业企业有 390 家，占比为 25.73%；创业企业拥有的联盟组合数量在 9 及以上的创业企业有 161 家，占比为 10.62%。同时，如图 4 – 1 所示，创业企业拥有的联盟组合数量在 4 以内的创业企业组的平均联盟组合规模为 2.4 个；创业企业拥有的联盟组合数量在 4 和 9 之间的创业企业组的平均联盟组合规模为 5.5 个；创业企业拥有的联盟组合数量在 9 以上的创业企业组的平均联盟组合规模为 16.7 个。

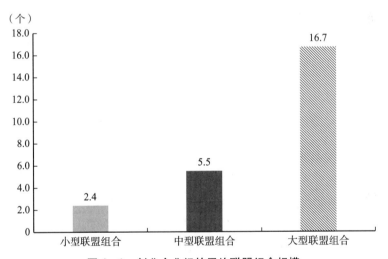

图 4 – 1　创业企业组的平均联盟组合规模

首先，联盟组合多样性差异与创业企业当年年底的总资产收入显著正相关（相关系数 0.385，$p = 0.000$），表明随着联盟组合多样性增加，创业企业总资产收入呈现出递增的趋势；联盟组合多样性差异与创业企业当年年底的营业收入显著正相关（相关系数 0.233，$p = 0.000$），这一结果表明，随着联盟组合多样性增加，创业企业营业收入呈现出递增的趋势。但是，联盟组合多样性差异与创业企业当年年底的研发投入显著负相关（相关系

数 -0.137，$p=0.000$），这一结果表明，随着联盟组合多样性增加，创业企业研发投入呈现出递减的趋势。

同时，基于联盟组合多样性的分组，创业企业当年年底在总资产收入（$F=26.19$，$p=0.000$）、营业收入（$F=10.58$，$p=0.000$）以及研发投入（$F=15.54$，$p=0.000$）方面表现出显著性的差异。联盟组合多样性差异对创业企业的总资产收入、营业收入和研发投入均具有影响，随着联盟组合多样性的递增，创业企业年底的总资产收入、营业收入、营业收入的平均数呈现出非线性的趋势，见表 4-1。其中，中型联盟的创业企业的总资产收入的平均数为 30.6 亿元，显著高于小型联盟的创业企业总资产收入的平均数 19.2 亿元，以及显著高于大型联盟的创业企业总资产收入的平均数 18.4 亿元；同理，中型联盟的创业企业的营业收入的平均数为 13.6 亿元，显著高于小型联盟的创业企业营业收入的平均数 8.2 亿元，以及显著高于大型联盟的创业企业营业收入的平均数 8.7 亿元。中型联盟的创业企业的研发投入均值为 0.9 亿元，要低于小型联盟创业企业的研发投入均值 1.9 亿元，以及低于大型联盟的创业企业的研发投入均值 1.1 亿元。

表 4-1　　　　　　　创业企业联盟组合多样性与企业业绩差异　　　　　单位：亿元

业绩指标		小型联盟组合	中型联盟组合	大型联盟组合
总资产收入	平均数	19.2	30.6	18.4
	标准差	2.01	2.61	2.73
营业收入	平均数	8.2	13.6	8.7
	标准差	0.79	1.92	2.19
研发投入	平均数	1.9	0.9	1.1
	标准差	0.42	0.27	0.21

其次，本书对联盟组合多样性与创业企业总资产收入增长、营业收入增长以及研发投入增长之间进行了考察。研究发现，基于联盟组合多样性进行分组，创业企业当年年底在总资产收入增长率表现出显著的差异性

（$F = 7.26$，$p = 0.001$）；创业企业当年年底在营业收入增长率表现出显著的差异性（$F = 7.57$，$p = 0.000$），但在研发投入增长率上并未表现出显著的差异。

从表 4-2 可以看出，联盟组合多样性差异对企业的总资产收入增长率、营业收入增长率均具有影响，随着联盟组合多样性的增长，创业企业年底的总资产收入增长率、营业收入增长率的平均数呈现出先增后减的趋势。其中，中型联盟的创业企业的总资产收入增长率的平均数为 8.2 亿元，显著高于小型联盟的创业企业总资产收入增长率的平均数 4.6 亿元，以及显著高于大型联盟的创业企业总资产收入增长率的平均数 6.2 亿元；同理，中型联盟的创业企业的营业收入增长率的平均数为 4.1 亿元，显著高于小型联盟的创业企业营业收入增长率的平均数 1.6 亿元，以及显著高于大型联盟的创业企业营业收入增长率的平均数 3.2 亿元。但是，联盟规模差异对创业企业的研发投入增长率的影响不显著，小型联盟的创业企业的研发投入增长率均值为 0.2 亿元，约高于中型联盟创业企业的研发投入增长率均值 0.1 亿元，以及大型联盟的创业企业的研发投入增长率均值 0.1 亿元。但是，中型联盟创业企业的研发投入增长率与大型联盟的创业企业的研发投入增长率之间的关系不明确。

表 4-2 　　　　　　创业企业联盟组合多样性与企业业绩增长差异　　　　单位：亿元

业绩指标		小型联盟组合	中型联盟组合	大型联盟组合
总资产收入增长	平均数	4.6	8.2	6.2
	标准差	1.26	1.22	1.42
营业收入增长	平均数	1.6	4.1	3.2
	标准差	0.35	1.24	1.23
研发投入增长	平均数	0.2	0.1	0.1
	标准差	0.48	0.40	0.11

最后，进一步考虑创业企业年度实际绩效与期望绩效之间的差异，将创业企业划分为绩效顺差和绩效逆差两种类型。在绩效顺差的情况下，小

型联盟的创业企业有 497 家，总占比为 62.83%；中型联盟的创业企业有199 家，占比为 25.16%；大型联盟的创业企业有 95 家，占比为 12.01%。同时，如图 4-2 所示，小型联盟创业企业组的联盟组合多样性平均数为2.5 个，中型联盟创业企业组的联盟组合多样性平均数为 5.6 个，大型联盟创业企业组的联盟组合多样性平均数为 16.2 个。

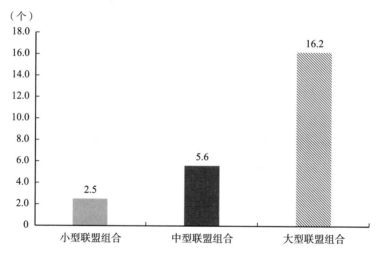

图 4-2　绩效顺差情况下创业企业组的联盟组合多样性平均数

针对绩效顺差情况下创业企业来进行分析，基于联盟组合多样性的分组，创业企业挂当年年底在总资产收入（$F = 26.06$，$p = 0.000$）、营业收入（$F = 8.98$，$p = 0.000$）、研发投入（$F = 24.48$，$p = 0.000$）上表现出了显著性的差异。就绩效顺差的创业企业而言，由表 4-3 可以看出，创业企业联盟组合多样性差异对企业的总资产收入、营业收入、研发投入均具有非线性影响。在绩效顺差的情况下，随着创业企业联盟组合多样性的增长，创业企业年底的总资产收入、营业收入的平均数呈现出先增后减的趋势。其中，中型联盟的创业企业的总资产收入的平均数为 30.5 亿元，显著高于小型联盟的创业企业总资产收入的平均数 18.6 亿元，以及显著高于大型联盟的创业企业总资产收入的平均数 17.2 亿元；同理，中型联盟的创业企业的营业收入的平均数为 13.3 亿元，显著高于小型联盟的创业企业营业收入的平均数 8.2 亿元，以及显著高于大型联盟的创业企业营业收入的平均数 8.1 亿元。中型联盟的创业企业的研发投入均值为 0.1 亿元，要低于小型联盟创业企业的研发投入均值 0.7 亿元，以及低于大型联盟的创业企业的研发投入均值 1.1 亿元。

表 4 – 3　　　　　　绩效顺差下创业企业规模与企业业绩差异　　　　单位：亿元

业绩指标		小型联盟组合	中型联盟组合	大型联盟组合
总资产收入	平均数	18.6	30.5	17.2
	标准差	2.11	2.56	2.35
营业收入	平均数	8.2	13.3	8.1
	标准差	0.79	1.61	2.01
研发投入	平均数	0.7	0.1	1.1
	标准差	0.18	0.08	0.20

基于以上分析，联盟组合多样性对创业企业经营业绩和创新业绩的角色与作用非常值得关注。可以初步形成的判断是：在不同联盟组合多样性差异下创业企业总资产收入和营业收入水平可能会呈现倒 U 型关系；在不同联盟组合多样性差异下创业企业研发投入水平可能会呈现 U 型关系。可能存在的原因是：联盟组合多样性较大的创业企业自身拥有更加深厚的资金、技术以及行业认知、市场认知的积累，相较于联盟组合多样性较小的创业企业具有更强的实力，已经形成了较为稳定的客户与市场，更易受到客户与投资者的认可。但是，联盟组合数量越多，创业企业可能会由于"路径依赖"而陷于"资源陷阱"，不愿意加大研发投入，而是通过联盟合作，获取联盟伙伴的知识或资源。

4.1.2　创业企业联盟组合多样性与资产—营收之间的关系

创业板上市的创业企业过高程度的联盟组合多样性反而不利于获取投

资者和用户认可。本节将 1516 家创业企业是否实现资产和营收增长的分组中（创业企业总资产和营业收入都同时实现了正向增长，则为双增长组；在其总资产收入和营业收入之中，有一项实现了正向增长，则为单增长组；总资产收入和营业收入同时为负向增长，则为负增长组），创业企业联盟组合多样性中资源多样性以及功能多样性在资产与营收双增长组、单增长组和未增长组的平均数并无显著差异，见表 4－4。其中，在资产和营收增长与否中，对于资源多样性而言，单增长组的资源多样性的均值为 0.622，显著高于双增长组的 0.542 和未增长组的 0.546，呈现先增后减的非线性趋势。对于功能多样性而言，单增长组的功能多样性的均值为 0.607，显著高于双增长组的 0.559 和未增长组的 0.422，呈现先增后减的非线性趋势。以上统计结果说明，创业企业联盟组合多样性过高，反而不利于企业实现资产和营收的增长。

另外，创业板上市的创业企业过高程度的联盟组合多样性反而不利于获取更高程度的投资者和用户认可。1516 家实现资产和营收双增长的企业分组中功能多样性在高预期增长组、资产导向增长组、营收导向增长组、适中增长组中并不存在显著性差异，但资源多样性（$F = 3.68$，$p = 0.012$）上都存在显著性差异。其中，对于资源多样性而言，营业导向组的资源多样性的均值为 0.619，显著高于高预期增长组的 0.575、资产导向组的均值 0.589 和适中增长组的均值 0.518；对于功能多样性而言，资产导向组的资源多样性的均值为 0.582，显著高于高预期增长组的 0.573、营业导向组的均值 0.578 和适中增长组的均值 0.549。

表 4－4　　　　1516 家企业不同资产和营收增长组之间联盟组合多样性比较

联盟组合 多样性	资产和营收增长与否			资产和营收增长路径			
	双增长	单增长	未增长	高预期	资产导向	营业导向	适中增长
资源多样性	0.542	0.622	0.546	0.575	0.589	0.619	0.518
功能多样性	0.559	0.607	0.422	0.573	0.582	0.578	0.549

4.1.3 创业企业联盟组合多样性与创新绩效之间的关系

创业板上市的创业企业过高程度的联盟组合多样性能够实现研发投入的增长，但在适度的环境中却无法实现研发投入增长。本书根据研发投入差值的均值，将研发投入差值区分为负增长、适度增长以及高增长组。在1516家研发投入变动情况的分组中，资源多样性（$F = 39.27$，$p = 0.000$）、功能多样性（$F = 37.44$，$p = 0.000$）上在研发投入负增长、适度增长以及高增长组中存在显著差异。其中，如表4-5所示，研发投入适度增长组资源多样性均值为0.472，显著低于其他两组；研发投入适度增长组功能多样性均值为0.531，显著低于其他两组。

表4-5　　1516家企业不同研发投入增长组之间联盟组合多样性比较

联盟组合多样性	研发投入增长情况		
	负增长	适度增长	高增长
资源多样性	0.573	0.472	0.581
功能多样性	0.591	0.531	0.566

由此可见，虽然创业板上市的创业企业整体上构建了联盟组合多样性，但联盟组合多样性过高不仅不利于企业获取投资者与用户的认可，而且也无法实现研发投入的增长。这一现象背后的原因可能是：创业企业可以通过积极发展与大学、科研机构、政府、中介机构等不同类型主体的合作关系，提高网络成员资源的多样性，并通过加大合作强度和深度、寻求与网络核心主体的合作等方式改善网络功能，进而提升企业的创新绩效。然而，虽然创业企业选择联盟组合多样性是企业持续成长的基础，意味着更多元的技术知识可能性和市场机会，但联盟组合多样性过高则意味着创业企业需要高昂的维系成本，进而导致巨额管理成本、大量人力投入、市场认可度等不确定性风险更加凸显。

4.2 联盟组合资源属性多样性及其业绩影响

基于资源基础理论的研究指出，企业建立或加入联盟组合的关键动因，是从联盟成员处获得互补性知识或资源，学习新的知识和技能。而联盟组合资源多样性反映不同联盟成员所提供资源和知识的差异，多样性的提升让焦点企业有机会接触更广泛的资源和知识，并有更大可能获得独特且异质性资源、专有性技能和经验，且创造新资源组合、开展互补性整合、知识间相互溢出和促进的潜力也更大，从而更可能进行创新以利于绩效提升。因此，联盟组合资源多样性具有创造价值的潜力，大量研究也证实了其对企业绩效的正面影响。例如，在北汽与奔驰的跨国战略联盟中，梅赛德斯－奔驰作为世界一流汽车制造商，拥有先进的生产技术和成熟的管理体系，这对于刚刚改制的北汽有十足的吸引力。同时北汽作为北京市重点国有企业，具有完善的市场渠道和地域优势，这是奔驰进入中国市场不可或缺的，双方正是有着各自的优势以及共同的乘用车市场战略目标，才能够进行长期战略合作、实现双赢。然而，联盟组合资源多样性的提升并不总是带来价值同步提升。从知识吸收角度看，多样性意味着企业接触与其自身知识基础距离更远、更复杂的知识，辨别、消化和应用这些新知识的难度也相应增加，这将显著提升企业吸收多样性外部知识的难度，企业需投入更多成本建设吸收能力网。而由于企业惯性及"非我所创综合征"（not-invented here syndrome）的影响，经理人面临的知识越陌生，价值评价越难，越倾向于排斥而非整合网，联盟组合中的多样化资源越难以被企业所用。且资源多样性提升带来更多参与互动的要素，使得不同联盟间的信息、知识更难匹配和协同。这将降低企业整合并利用外部知识的效率，从而导致资源多样性的边际收益递减，而边际成本递增。

因此，本书在对联盟组合资源多样性进行测量时，主要立足于资源类型去刻画创业企业联盟组合多样性，具体是指创业企业通过联盟组合活动实际获得的资源类型差异。创业板上市企业对这一信息通过《联盟公告》的方式进行了披露，据此可以将联盟组合伙伴为焦点企业提供的资源分为物质、生产、技术、市场、政治和其他总计 6 个类型资源，例如市场资源是用于市场开发与推广的营销资源，生产资源是投入生产过程的流程方案、辅助与服务过程等，在此基础上通过 Blau 指数进行资源多样性水平的测算。

这一部分主要考虑创业企业联盟组合资源多样性对经营和创新绩效的影响。本书根据创业企业联盟组合资源多样性的均值和标准差关系，分为低、中、高 3 个组别。如图 4 - 3 所示，在创业板上市的创业企业中，有 280 家创业企业联盟组合资源多样性为 0.2 以内的，占 18.47%，有 863 家创业企业联盟组合资源多样性为 0.2 ~ 0.7 的，占 56.93%，有 373 家创业企业联盟组合资源多样性为 0.7 及以上的，占 24.60%。另外，在创业板上市的创业企业中，创业企业联盟组合资源多样性为 0.2 以内的平均数为 0.012；创业企业联盟组合资源多样性为 0.2 ~ 0.7 的平均数为 0.547；创业企业联盟组合资源多样性为 0.7 及以上的平均数为 0.746。

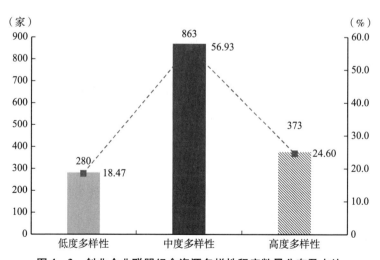

图 4 - 3　创业企业联盟组合资源多样性程度数量分布及占比

首先，创业企业联盟组合资源多样性与企业当年年底的总资产（相关系数0.178，$p=0.010$）、营业收入（相关系数0.102，$p=0.001$）表现出显著的正相关关系；而创业企业联盟组合资源多样性与企业当年年底的研发投入（相关系数-0.034，$p=0.243$）的相关性不显著。这一结果表明，创业企业联盟组合资源多样性程度越高，创业企业的总资产收入和营业收入也表现得更好；但创业企业联盟组合资源多样性程度与创业企业的研发投入表现不是很明确。

同时，基于创业企业联盟组合资源多样性程度的分组，创业企业当年年底在总资产收入（$F=18.04$，$p=0.000$）、营业收入（$F=6.68$，$p=0.001$）上表现出显著的差异性；创业企业当年年底在研发投入（$F=1.43$，$p=0.240$）上并未表现出显著性的差异。由表4-6可以看出，创业企业联盟组合资源多样性程度对企业的总资产收入、营业收入的平均数呈现出递增的趋势；而创业企业联盟组合资源多样性程度对企业的研发投入的平均数呈现出"先增后减"的趋势。其中低等程度联盟组合资源多样性的创业企业的总资产收入的平均数为18.8亿元，要低于中等程度联盟组合资源多样性的创业企业总资产收入的平均数25.6亿元，以及低于高等程度联盟组合资源多样性的创业企业总资产收入的平均数17.7亿元。低等程度联盟组合资源多样性的创业企业的营业收入的平均数为8.7亿元，要低于中等程度联盟组合资源多样性的创业企业营业收入的平均数11.3亿元，以及低于高等程度联盟组合资源多样性的创业企业营业收入的平均数7.9亿元。中等程度的联盟组合资源多样性的创业企业的研发投入的平均数为1.7亿元，要高于低等程度联盟组合资源多样性的创业企业研发投入的平均数2.6亿元，以及高于高等程度联盟组合资源多样性的创业企业研发投入的平均数1.3亿元。因此，我们可以初步判断，随着创业企业联盟组合多样性程度增加，即由低度多样性向高度多样性变化，相应的创业企业绩效（总资产收入、营业收入以及研发投入）均呈现"先增后减"的倒U型趋势。

表 4 - 6 　　　　　　创业企业联盟组合资源多样性与企业业绩差异 　　　单位：亿元

业绩指标		低度多样性	中度多样性	高度多样性
总资产收入	平均数	18.8	25.6	17.7
	标准差	1.92	2.81	2.23
营业收入	平均数	8.7	11.3	7.9
	标准差	0.85	2.14	1.41
研发投入	平均数	1.7	2.6	1.3
	标准差	0.65	0.32	0.31

其次，本书进一步探究战略性新兴产业和非战略性新兴产业中联盟组合资源多样性与创业企业业绩的差异。在战略性新兴产业中，创业企业联盟组合资源多样性与企业当年年底的总资产（相关系数 0.164，$p = 0.008$）、营业收入（相关系数 0.110，$p = 0.001$）表现出显著的正相关关系；创业企业联盟组合资源多样性与企业当年年底的研发投入之间的相关性不显著。而在非战略性新兴产业中，创业企业联盟组合资源多样性与企业当年年底的总资产（相关系数 0.225，$p = 0.002$）表现出显著的正相关关系；创业企业联盟组合资源多样性与企业当年年底的研发投入（相关系数 - 0.134，$p = 0.071$）表现出微弱的显著负相关关系；创业企业联盟组合资源多样性与企业当年年底的营业收入之间的相关性不显著。同时，在战略性新兴产业中，创业企业联盟组合资源多样性与企业当年年底在总资产收入（$F = 14.20$，$p = 0.000$）、营业收入（$F = 6.72$，$p = 0.001$）上表现出显著性的差异；但创业企业联盟组合资源多样性与企业当年年底在研发投入上并未表现出显著性的差异。在非战略性新兴产业中，创业企业联盟组合资源多样性与企业当年年底在总资产收入（$F = 3.37$，$p = 0.036$）上表现出显著性的差异；但创业企业联盟组合资源多样性与企业当年年底在营业收入和研发投入上并未表现出显著性的差异。另外，在战略性新兴产业中，随着创业企业联盟组合资源多样性程度的增加，企业当年年底在总资产收入、营业收入以及研发投入上呈现"先增后减"的趋势，如图 4 - 4 所示。在非战略

性新兴产业中，随着创业企业联盟组合资源多样性程度的增加，企业当年年底在营业收入、研发投入上呈现递减的趋势；而随着创业企业联盟组合资源多样性程度的增加，企业当年年底在总资产收入上呈现"先增后减"的趋势，如图 4 – 5 所示。

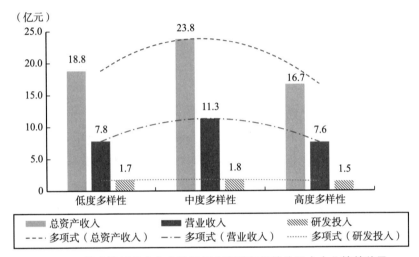

图 4 – 4　战略性新兴产业中联盟组合资源多样性分组中企业绩效差异

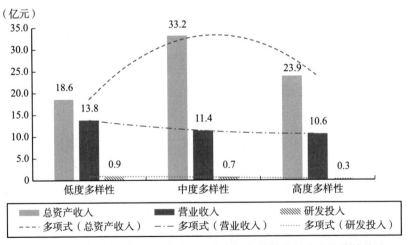

图 4 – 5　非战略性新兴产业中联盟组合资源多样性分组中企业绩效差异

最后，为了进一步验证创业企业联盟组合资源多样性与企业业绩的关系，本书对创业企业联盟组合资源多样性、创业企业联盟组合资源多样性平方项与总资产收入、营业收入以及研发投入的关系进行了回归分析。由表 4-7 可以看出，在创业企业中，联盟组合资源多样性一次项与研发投入（回归系数 1.823，$p < 0.05$）之间存在显著的正向影响，而联盟组合资源多样性一次项与营业收入、研发投入之间的关系不显著。同时，在创业企业中，联盟组合资源多样性二次项与总资产收入（回归系数 -0.836，$p < 0.05$）之间存在显著负向影响；联盟组合资源多样性二次项与营业收入（回归系数 -1.161，$p < 0.05$）之间存在显著负向影响；联盟组合资源多样性二次项与研发投入（回归系数 -3.352，$p < 0.01$）之间存在显著负向影响。因此，本书可以进一步推断，创业企业联盟组合资源多样性与总资产收入、营业收入以及研发投入之间存在先增后减的倒 U 型关系。

表 4-7　　　创业企业联盟组合资源多样性与企业业绩的回归分析

变量	总资产收入	营业收入	研发投入
常数项	21.114 *** (0.048)	20.234 *** (0.059)	16.739 *** (0.148)
资源多样性	−0.118 (0.299)	−0.348 (0.363)	1.823 * (0.913)
资源多样性^2	−0.836 * (0.399)	−1.161 * (0.485)	−3.352 * (1.217)
R^2	0.052	0.028	0.013
调整的 R^2	0.050	0.026	0.011
F 值	27.83 ***	14.71 ***	6.56 ***

注：*** 为 $p < 0.001$，** 为 $p < 0.01$，* 为 $p < 0.05$，括号中数值为标准误。

基于以上分析，创业企业联盟组合资源多样性对创业企业经营和创新绩效具有重要影响。可以形成的最终判断是：对于初创型企业，联盟组合资源多样性与创业企业总资产收入、营业收入以及研发投入之间存在倒 U 型关系。可能的原因是：一方面，对于经营绩效而言，创业企业联盟组合资源多样性过低，可能避免企业过于依赖外部企业，形成"自力更生"的局面，而创业企业联盟组合资源多样性过高，可以使企业获取各种市场机会和成长选择，并跨越组织和技术边界捕获非冗余知识、能力等宝贵资源。另一方面，不同战略导向的企业对资源的需求存在差异，基于创新战略的新产品或服务的开发对与之匹配的资源支撑提出了更加明确的要求，而多样性的"多"一方面可能只是冗余，甚至使其在战略上偏离"初心"，诱导企业采取激进的多元化发展模式，另一方面意味着管理的高度复杂，有限的管理经验与能力使得企业力所不逮，因此企业围绕创新战略展开的基础构建与价值活动应该更强调"专"而不是"多"。

4.3 联盟组合功能属性多样性及其业绩影响

近年来，随着全球经济一体化趋势和技术变革的快速迭代，通过与其他公司或研究机构之间建立联盟组合关系来提升技术创新能力的影响越来越突出。戴尔等（Dyer et al.，2001）通过对世界 500 强企业的调查，发现每一个企业大致都会与 60 个企业结成主要的战略联盟伙伴关系。例如，2017 年，阿里巴巴与斑马网络、上汽集团、神龙汽车牵手成立的联盟，致力于打造新一代智联网汽车；同时，阿里巴巴还与 AI 独角兽巨头——商汤科技、寒武纪、旷视科技、中天微等进行合作，意图扩大云计算业务以及布局未来"智慧城市"战略。对于阿里巴巴而言，多个企业之间基于研发、生产、营销、分销、客户服务的集合，就组成一个功能多样性的联盟组合。简而言之，功能多样性是联盟组合多样性的重要构成要素之一，是指通过构建不同的下级联盟实现多种职能领域活动，如研发、生产、营销、分销、客户服务等。联盟组合功能多样性不仅可以与联盟伙伴分担技术创新过程中的高度不确定性风险，同时还可以有效地获取未来长远发展所需的资源、能力以及知识。当其表现为功能多样性时，不仅意味着联盟伙伴所提供的联盟类型与焦点企业所需的类型相匹配，更意味着不同联盟伙伴联盟类型间的互补，形成了对焦点企业的功能支持。在遵循功能多样性一般性内涵的基础上，也有文献将不同的职能活动区分为探索式联盟和利用式联盟。企业需要充分利用联盟成员已有知识与资源以确保盈利，如针对生产、营销、分销活动组建的战略联盟，旨在挖掘现有资源和能力的更大收益潜力，成为利用式联盟。例如，美团与大众点评之间的联盟，就属于利用式联盟。美团和大众点评是中国最大的本地生活服务平台之一，通过建立合作关系，共同推出了"美团点评联盟"，旨在通过共享资源和技术，提高双方的市场份额和用户满意度。该联盟的成功得益于双方在用户、数据和渠道等方面的互补性，使得双方能够共同获得更多的用户和市场份额。而企业需要从外界搜索新知识、新技能以适应新环境，如针对研发活动组建战略联盟，旨在拓展企业的技术能力和产品开发能力，以探索新的机会，因此是探索式联盟。例如，华为与 IBM 的联盟就是探索式联盟，华为是一家全球知名的科技公司，而 IBM 则是一家拥有强大技术实力和丰富资源的企业。两家公司通过建立合作关系，共同开发出众多优秀的产品和服务，例如华为的服务器产品系列等。该联盟的成功得益于双方在技术、市场和品牌等方面的互补性，使得双方能够共同获得更多的市场份额和竞争优势。

由于联盟组合功能多样性内部组织模式的机制不同，即完全不同的结构、过程、战略以及文化，因此，联盟组合功能多样性可能会对企业生存和创新绩效产生不同的影响。一方面，联盟组合功能多样性鼓励联盟成员间形成开放创新的氛围，这种氛围可以减轻联盟成员间的机会主义行为倾向，增强彼此的信任与依赖程度，减少监督成本，进而有助于联盟成员之间知识共享的频率与效率。例如，苏布拉马尼安和苏（Subramanian & Soh，2017）通过实证研究表明：多样性联盟可以在降低产品成本的基础上改善产品的品质，进而在满足顾客满意度的基础上，实现企业的短期创新绩效。李欧等（Leeuw et al.，2014）认为，联盟多样性，不仅可以帮助组织吸收和整合联盟成员的异质性知识和技能，同时还可以强化组织对现有联盟网络所在技术轨道上机会和价值的理解，从而为现有技术能力提供新的发展惯性。另一方面，许多研究也表明，联盟组合中功能多样性，可能导致"组织近视症"行为，进而使其陷入"能力陷阱"或者"成功陷阱"的风险中（Lavie et al.，2010）。该陷阱容易导致联盟组合的创新活动陷入"学习锁定"效应，即将联盟多样性行为限定在已有的学习经验中，在创新行为上选择较小幅度的改进和提升，而忽视外在环境潜在的创新机会。同时，联盟成员也容易限于短期创新绩效而采取防御性策略来排斥探索式学习行为。并且，如果过分依赖于联盟组合功能多样性进行创新搜索，可能会使联盟组合丧失固有的联盟伙伴，持续面临高投入和高风险，从而瓦解联盟成员之间彼此的稳定性与信任。同时，联盟组合还可能会由于路径依赖、"承诺升级"等原因，使得在变革和创新路径之中陷入"探索—失败—再探索"的恶性循环之中。因此，在资源约束的限制下，创业企业如何处理联盟组合功能多样性之间的复杂关系，这些成为企业家和学术界日益关注的新问题。

综上所述，为进一步解答联盟组合功能多样性与企业业绩的关系，本书在测量创业企业联盟组合功能多样性时，主要基于创业企业实际建立联盟组合的价值活动类型，并按照联盟公告所披露信息进行规范编码，将联盟组合提供的价值活动功能划分为供应、生产、研发、营销、销售和其他6种类别，同样采用 Blau 指数计算功能多样性水平。

这一部分主要考虑创业企业联盟组合功能多样性对经营和创新绩效的影响。本书根据创业企业联盟组合功能多样性的均值和标准差关系，分为低、中、高3个组别。如图4－6所示，在创业板上市的创业企业中，有350家创业企业联盟组合功能多样性为0.2以内的，占23.09%，有986家创业企业联盟组合功能多样性为0.2和0.74之间的，占65.04%，有180家创业企业联盟组合功能多样性为0.74及以上的，占11.87%。另外，在创业板上市的创业企业中，创业企业联盟组合功能多样性为 0.2 以内的平均数为 0.005；创业企业联盟组合功能多样性为 0.2 和 0.74 之间的平均数为 0.577；创业企业联盟组合功能多样性为 0.74 及以上的平均数为 0.762。

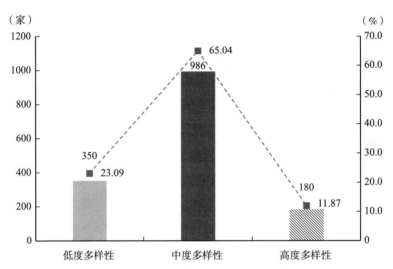

图 4 - 6　创业企业联盟组合功能多样性程度数量分布及占比

首先，创业企业联盟组合功能多样性与企业当年年底的总资产（相关系数 0.170，$p = 0.000$）、营业收入（相关系数 0.088，$p = 0.005$）表现出显著的正相关关系；而创业企业联盟组合功能多样性与企业当年年底的研发投入（相关系数 -0.028，$p = 0.377$）的相关性不显著。这一结果可以初步发现，创业企业联盟组合功能多样性程度越高，创业企业的总资产收入和营业收入也表现得更好；但创业企业联盟组合功能多样性程度与创业企业的研发投入表现不是很明确。

同时，基于创业企业联盟组合功能多样性程度的分组，创业企业当年年底在总资产收入（$F = 48.45$，$p = 0.000$）、营业收入（$F = 22.68$，$p = 0.000$）以及研发投入（$F = 3.68$，$p = 0.025$）上表现出显著的差异性。由表 4 - 8 可以看出，创业企业联盟组合功能多样性程度对企业的总资产收入、营业收入、研发投入的平均数呈现出"先增后减"的趋势。其中,中等程度联盟组合功能多样性的创业企业的总资产收入的平均数为27.6亿元,要高于低等程度联盟组合功能多样性的创业企业总资产收入的平均数18.0亿元,以及高于高等程度联盟组合功能多样性的创业企业总资产收入的平均数14.8亿元。中等程度联盟组合功能多样性的创业企业的营业收入的平均数为12.5亿元,要高于低等程度联盟组合功能多样性的创业企业营业收入的平均数8.6亿元,以及高于高等程度联盟组合功能多样性的创业企业营业收入的平均数6.3亿元。中等程度的联盟组合功能多样性的创业企业的研发投入的平均数为1.7亿元,要高于低等程度联盟组合功能多样性的创业企业研发投入的平均数1.5亿元,以及高于高等程度联盟组合功能多样性的创业企业研发投入的平均数1.2亿元。

表4-8 　　　　　创业企业联盟组合功能多样性与企业业绩差异 　　　　单位:亿元

业绩指标		低度多样性	中度多样性	高度多样性
总资产收入	平均数	18.0	27.6	14.8
	标准差	1.83	3.11	1.53
营业收入	平均数	8.6	12.5	6.3
	标准差	0.81	2.36	0.72
研发投入	平均数	1.5	1.7	1.2
	标准差	0.37	0.38	0.22

其次,本书进一步探究战略性新兴产业和非战略性新兴产业中联盟组合功能多样性与创业企业业绩的差异。在战略性新兴产业中,创业企业联盟组合功能多样性与企业当年年底的总资产(相关系数0.164,$p = 0.000$)、营业收入(相关系数0.102,$p = 0.003$)表现出显著的正相关关系;创业企业联盟组合功能多样性与企业当年年底的研发投入之间的相关性不显著。而在非战略性新兴产业中,创业企业联盟组合功能多样性与企业当年年底的总资产(相关系数0.210,$p = 0.004$)表现出显著的正相关关系;创业企

业联盟组合功能多样性与企业当年年底的营业收入、研发投入之间的相关性不显著。同时，在战略性新兴产业中，创业企业联盟组合功能多样性与企业当年年底在总资产收入（$F = 49.67$，$p = 0.000$）、营业收入（$F = 21.22$，$p = 0.000$）、研发投入（$F = 4.16$，$p = 0.016$）上表现出显著性的差异。在非战略性新兴产业中，创业企业联盟组合功能多样性与企业当年年底在总资产收入（$F = 3.22$，$p = 0.042$）上表现出显著性的差异；但创业企业联盟组合功能多样性与企业当年年底在营业收入和研发投入上并未表现出显著性的差异。另外，在战略性新兴产业中，随着创业企业联盟组合功能多样性程度的增加，企业当年年底在总资产收入、营业收入、研发投入上呈现"先增后减"的趋势，如图 4 - 7 所示。在非战略性新兴产业中，随着创业企业联盟组合功能多样性程度的增加，企业当年年底在营业收入和研发投入上呈现递减的趋势；而随着创业企业联盟组合功能多样性程度的增加，企业当年年底在总资产收入上呈现"先增后减"的趋势，如图 4 - 8 所示。

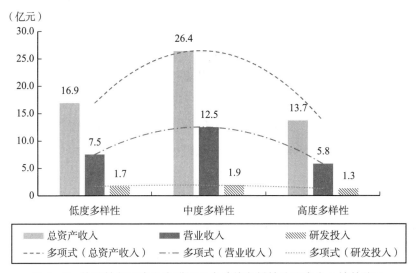

图 4 - 7　战略性新兴产业中联盟组合功能多样性分组中企业绩效差异

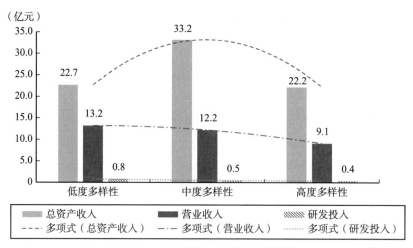

图 4 - 8　非战略性新兴产业中联盟组合功能多样性分组中企业绩效差异

最后，为了进一步验证创业企业联盟组合功能多样性与企业业绩的关系，本书对创业企业联盟组合功能多样性与总资产收入、营业收入以及研发投入的关系进行了回归分析。由表 4 - 9 可以看出，在创业企业中，联盟组合功能多样性一次项与研发投入（回归系数 1. 607，$p = 0.083$）之间存在微弱的显著正向影响，而联盟组合功能多样性一次项与营业收入、研发投入之间的关系不显著。同时，在创业企业中，联盟组合功能多样性二次项与总资产收入和营业收入之间关系不显著；联盟组合功能多样性二次项与研发投入（回归系数 - 2. 822，$p = 0.023$）之间存在显著负向影响。因此，本书可以进一步推断，创业企业联盟组合功能多样性与总资产收入、营业收入之间不存在影响关系；而创业企业联盟组合功能多样性与研发投入之间存在倒 U 型关系。

表 4 - 9　　创业企业联盟组合功能多样性与企业业绩的回归分析

变量	总资产收入	营业收入	研发投入
常数项	21. 091 *** （0. 046）	20. 239 *** （0. 057）	16. 691 *** （0. 143）

续表

变量	总资产收入	营业收入	研发投入
资源多样性	0.036 (0.304)	-0.056 (0.371)	1.607 (0.928)
资源多样性^2	0.324 (0.407)	0.665 (0.497)	-2.822* (1.243)
R^2	0.050	0.020	0.013
调整的 R^2	0.049	0.018	0.011
F 值	27.51***	10.29***	4.07***

注：*** 为 $p < 0.001$，** 为 $p < 0.01$，* 为 $p < 0.05$，括号中数值为标准误。

基于以上分析，创业企业联盟组合功能多样性对创业企业经营和创新绩效具有重要影响。可以形成的最终判断是：对于创业企业而言，联盟组合功能多样性与创业企业总资产收入不存在线性关系；联盟组合功能多样性与创业企业营业收入之间不存在线性关系；联盟组合功能多样性与创业企业研发投入之间存在"先增后减"的倒 U 型关系。可能的原因是：从创新绩效的角度看，适当的功能多样性水平，意味着企业无须在同一时间管理营销、研发、生产等不同价值活动所涉及的联盟组合关系。就内部管理而言，企业管理单一价值活动的合作关系更容易集中精力，平衡企业内部价值链活动。就外部关系而言，企业无须同时协调不同价值活动的联盟组合伙伴之间的关系，相同联盟组合类型的合作范式与管理更容易复制，从而降低了跨组织沟通与协调的成本。因此，通过构建联盟组合功能多样性，创业企业可以打破资源限制的约束，并拓宽自身知识和资源的深度和广度，从而避免"现有能力成就过时"和"创新两难困境"的情况。但需要说明的是，这只是从创业企业联盟组合功能多样性的"总量"来说的，从"增量"的进程来看，创业企业还需要认清自己所处的形式和位置，不可机械地为了功能多样性而盲目地分配创新资源。要是联盟组合功能多样性目前处于失衡的状态，而创业企业在联盟组合中采用同等的精力和资源去支持不同功能活动。那么，在自强化效应的作用下，联盟组合多样性功能之间的失衡差距将会越拉越大，出现"强者恒强，弱者越弱"的局面，从而不利于企业创新绩效的提升。

第5章 动态视角下创业企业联盟组合对企业业绩的影响

　　全球化、技术变革以及环境不确定性，企业与上下游供应商、高校以及研发机构等成员形成广泛的合作网络，已成为企业提高技术创新能力和实现持续竞争优势的关键。当企业同时与多个合作伙伴保持战略联盟关系时，就被称为联盟组合。联盟组合有利于企业跨越联盟边界开展跨组织学习，成为联盟间异质性知识和资源流动的有效载体。同时，构建联盟组合，还有助于避免焦点企业陷入技术创新"锁定效应"，分担技术研发的不确定性以及降低创新的潜在风险性。然而，作为新兴的组织方式，联盟组合也面临着越来越多的挑战。一方面，在开放式创新环境下，现有联盟组合关系、架构等可能会不适应外部竞争环境的激烈变化。另一方面，随着联盟异质性的增加，联盟在核心能力累积的基础上，可能会伴随着组合内部的"积重难返"，并成为联盟变革或转型的主要障碍，即"能力陷阱"。但是，也有企业通过联盟组合构建来成功跨越能力陷阱问题，并实现持续不断的联盟价值创造潜力。例如，南方风机股份有限公司在2013—2015年，联盟组合规模由1个增长至4个，其中1个联盟是与已经存在联盟关系的旧伙伴建立的，3个则是与从未打交道的新伙伴建立的；又如金龙机电股份有限公司在2014—2015年，联盟组合规模由1个增至2个，新增联盟为企业带来了生产资源，这有别于既有联盟为企业提供的技术资源。可见，随着创业企业不断搜寻新伙伴、获取新资源，联盟组合构造因新联盟建立而被重新塑造，而这也可以使创业企业克服联盟组合发展过程中所面临的核心刚性、路径依赖，以及跨越能力陷阱，并实现企业绩效的提升。

5.1 创业企业联盟组合重构及其业绩变动

联盟组合重构是动态视角下的联盟组合研究领域，主要研究在既有联盟组合形成后如何生成新联盟。已有多项研究着重探讨了伴随着新联盟生成的联盟拓展过程中，如何解决新联盟与现有联盟组合的匹配问题。在此背景下，已有学者在动态能力视角下提出联盟组合重构，认为联盟组合重构是为了应对迅速变换的环境，在原有的联盟组合构造中增加一个或多个新的联盟，这可能表现为引入新的联盟伙伴或获取一种新的资源（Andrevski et al.，2013）。从这个意义上说，联盟组合重构不仅表现为联盟规模的变化，更展示出联盟组合在伙伴结构与资源结构上的变化。基于能力重构视角下的联盟组合，反映的是"惯例→变异→抉择→保存以及转移"的过程，即通过作用于联盟"资源—伙伴—企业"的联合视角，来选择联盟的变异路径，进而影响联盟创新演化的方向性和动态性。一是与专注于现有资源的新合作伙伴结成联盟，二是与专注于新资源的现有合作伙伴结成联盟，三是与专注于新资源的新伙伴结成联盟。这三种重构方式的提出基于"资源—伙伴—企业"的联合视角，并综合考虑资源丰富性、伙伴可获性与企业可接受性（Kavusan & Frankort，2013）。联盟组合重构时常表现为搜寻新伙伴建立一个新联盟，而当焦点企业将一个新伙伴引入其既有联盟组合，但仍聚焦既有资源的开发时，企业经由联盟组合连接的伙伴可获性提高，而联盟资源在规模上呈现丰富性。同时，企业的联盟组合中新旧联盟伙伴之间的竞争强度提高，新联盟伙伴会与企业既有的联盟伙伴争夺焦点企业对联盟资源的投入与管理的注意力。当焦点企业通过与旧伙伴建立新联盟以开发新资源时，一方面，在不增强既有伙伴竞争威胁感知的情况下，增强与既有伙伴的关系专用性投资，这有助于增强联盟的可接受性；另一方面，受限于既有伙伴的传统资源利用方式，降低了焦点企业对联盟组合创新的探索，而满足于与既有伙伴"和平共处"式的联盟开发。

但是，现有研究在探讨联盟组合重构与企业绩效关系时，理论视角上仍旧没有达成统一共识。一种观点认为，联盟组合重构可能导致组合内部的"破坏"。因为随着联盟经验和联盟时间的增加，联盟成员会倾向于制定共同合作的联盟惯例。而在惯例形成后对联盟组合进行重构，很可能会扰乱组合内部已建立的知识交互过程和协调机制模式，进而增加联盟创新的失败风险。另外一种观点认为，重构也有可能提升联盟组合在外部环境中的"适应性"。企业选择联盟组合的原因有很多，比如获取新的知识、技术和市场，分担研发成本和技术创新的高度不确定性风险等。但是，一旦联盟运行环境发生改变，可能会削弱联盟成员构建联盟组合的初衷或者价值潜力。因此，联盟组合重构，无论是新联盟成员的进入，抑或原有联盟成员的退出，都有可能成为重塑联盟组合能力以适应环境急剧变化的机会。例如，范德文等（Van De Ven et al.，2019）在权变理论视角下，将重构视为"结构调整下的重新适应"机制，并认为它的有效实施有助于提升创新网络的持久竞争力。

总之，这两种观点是建立在西方对传统产业联盟的实证检验基础上，那么这一结论是否适合中国环境下的产业创新联盟，尤其是创业企业的联盟组合？由已有文献可知，联盟由异质性组织（如高校、研究机构、企业等）共同组成，而联盟成员的行业背景、组织文化和知识技能之间的差异明显。那么，在中国背景下，联盟组合重构对其创业企业绩效又有何种影响？其中的影响机制如何？这都需要进一步的探究。

为了对联盟组合的两种类型进行测量，首先，要对每一个观测期上市公司新建联盟的伙伴与资源特征进行识别。根据上市公司披露的《联盟公告》，针对其作为焦点企业建立的每一个联盟，识别了联盟伙伴的名称、规模、组织性质等，以及联盟伙伴所提供的资源，主要包括物质资源、管理资源、技术资源、市场资源、政治资源和其他六类。其次，我们将新增联盟的伙伴资源特征与既有联盟进行比较。当新增联盟的伙伴在既有联盟组合伙伴范围外，记为新伙伴，否则为旧伙伴；当新增联盟提供给焦点企业的资源在既有联盟组合资源范围外，记为新资源，否则为旧资源。最后，对以"新伙伴—新资源""新伙伴—旧资源""旧伙伴—新资源"的方式进行重构的联盟数量累计求和，分别得到对两种联盟组合重构的测量。

5.1.1 业绩视角下创业企业联盟组合重构总体分析

本节主要分析联盟组合重构对于创业企业经营绩效和创新绩效的影响。联盟组合重构是指在原有的联盟组合构造中增加一个或多个新的联盟组合，主要表现为引入新的联盟组合伙伴或获取一种新的资源。因此，联盟组合重构是在联盟组合规模变化的基础上，来进一步展示联盟组合在伙伴结构与资源结构上的变化。本书按照联盟组合伙伴类型中伙伴和资源的二维结构，将联盟组合伙伴类型划分为新伙伴—新资源、旧伙伴—新资源以及新伙伴—旧资源。如图5-1所示，创业企业新增联盟组合，带来新伙伴—新资源的创业企业组的平均联盟组合重构数量为0.57个；带来旧伙伴—新资源的创业企业组的平均联盟组合重构数量为0.05个；带来新伙伴—旧资源的创业企业组的平均联盟组合重构数量为1.19个。

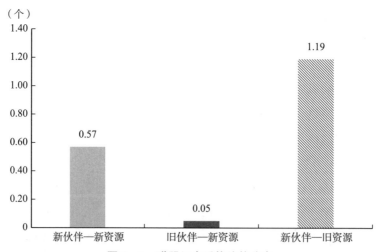

图5-1 联盟组合重构均值分布

首先，联盟组合重构差异中：（1）带来新伙伴—新资源与创业企业当年年底的研发投入显著负相关（相关系数 -0.279，$p=0.000$），表明随着联盟组合重构中，新伙伴新资源的增加，创业企业研发投入呈现出递减的趋势。而新伙伴—新资源与创业企业当年年底的营业收入和总资产收入不相关。（2）带来旧伙伴—新资源与创业企业当年年底的研发投入显著负相关（相关系数 -0.085，$p=0.015$），表明随着联盟组合重构中，旧伙伴—新资源的增加，创业企业研发投入呈现出递减的趋势。而旧伙伴—新资源与创业企业当年年底的营业收入和总资产收入不相关。（3）带来新伙伴—旧资源与创业企业当年年底的研发投入显著负相关（相关系数 -0.226，$p=0.000$），表明随着联盟组合重构中，新伙伴—旧资源的增加，创业企业研发投入呈现出递减的趋势。同时，带来新伙伴—旧资源与创业企业当年年底的总资产收入（相关系数 0.226，$p=0.000$）和营业收入（相关系数 0.157，$p=0.000$）显著正相关，表明随着联盟组合重构中，新伙伴—旧资源的增加，创业企业总资产收入和营业收入呈现出递增的趋势。

基于联盟组合重构的分组，创业企业当年年底在总资产收入（$F=2.92$，$p=0.050$）、研发投入（$F=14.41$，$p=0.000$）方面表现出显著性的差异，对营业收入表现出差异不显著。由表 5-1 可以看出，联盟组合重构差异对创业企业的总资产收入、营业收入和研发投入均具有影响。其中，给创业企业带来旧伙伴—新资源的总资产收入的平均数 13.2 亿元，显著低于给创业企业带来新伙伴—新资源的总资产收入的平均数 17.7 亿元，以及显著低于给创业企业带来新伙伴—旧资源的总资产收入的平均数 19.6 亿元；给创业企业带来旧伙伴—新资源的营业收入的平均数为 5.8 亿元，显著低于给创业企业带来新伙伴—新资源的营业收入的平均数 7.9 亿元，以及显著低于给创业企业带来新伙伴—旧资源的营业收入的平均数 9.3 亿元。但是，给创业企业带来旧伙伴—新资源的研发投入的平均数为 1.2 亿元，显著高于给创业企业带来新伙伴—新资源的研发投入的平均数 0.9 亿元，以及约高于给创业企业带来新伙伴—旧资源的研发投入的平均数 0.8 亿元。

表5-1 　　　　　　创业企业联盟组合重构与企业业绩差异　　　　　单位：亿元

业绩指标		新伙伴—新资源	旧伙伴—新资源	新伙伴—旧资源
总资产收入	平均数	17.7	13.2	19.6
	标准差	1.96	1.24	2.41
营业收入	平均数	7.9	5.8	9.3
	标准差	1.52	0.61	1.88
研发投入	平均数	0.9	1.2	0.8
	标准差	0.19	0.22	0.19

其次，本书对联盟组合重构与创业企业总资产收入增长、营业收入增长以及研发投入增长之间进行了考察。研究发现，基于联盟组合重构进行分组，创业企业当年年底在研发投入增长率表现出显著的差异性（$F=4.43$，$p=0.012$），但在总资产收入增长率和营业收入增长率上并未表现出显著的差异。

由表5-2可以看出，联盟组合重构差异对企业的总资产收入增长率、营业收入增长率、研发投入增长率均具有微弱影响。其中，给创业企业带来旧伙伴—新资源的总资产收入增长率的平均数为5.8亿元，显著低于给创业企业带来新伙伴—旧资源的总资产收入增长率的平均数58.3亿元，以及显著低于给创业企业带来新伙伴—新资源的总资产收入增长率的平均数67.2亿元；给创业企业带来新伙伴—新资源的营业收入增长率的平均数2.3亿元，显著低于给创业企业带来旧伙伴—新资源的营业收入增长率的平均数为2.7亿元，以及显著低于给创业企业带来新伙伴—旧资源的营业收入增长率的平均数2.9亿元。但是，给创业企业带来新伙伴—新资源的研发投入增长率的平均数-1.2亿元，低于给创业企业带来旧伙伴—新资源的研发投入增长率的平均数为-1.1亿元，以及低于给创业企业带来新伙伴—旧资源的研发投入增长率的平均数-0.6亿元。

表 5－2 　　　　　创业企业联盟组合重构与企业业绩增长差异　　　　　单位：亿元

业绩指标		新伙伴—新资源	旧伙伴—新资源	新伙伴—旧资源
总资产收入	平均数	67.2	5.8	58.3
	标准差	1.78	0.78	1.31
营业收入	平均数	2.3	2.7	2.9
	标准差	0.52	0.44	1.08
研发投入	平均数	－1.2	－1.1	－0.6
	标准差	0.25	0.15	0.27

　　基于以上分析，联盟组合重构对创业企业经营业绩和创新业绩的角色与作用非常值得关注。可以初步形成的判断是：（1）在创业企业经营业绩提升上，联盟组合重构中新伙伴—旧资源所带来的提升作用最大，主要原因可能在于：新伙伴可以带来新的市场和技术，而旧资源可以在原有产品上进行持续性创新，而不需要投入过多的资金，在二者作用下带来总资产收入和营业收入的增加。（2）在创业企业研发投入上，联盟组合重构中旧伙伴—新资源所带来的提升作用最大，主要原因可能在于：在进行产品研发中，与原有的伙伴进行合作，可以减少相应的接触成本，在已有熟悉的基础上提升合作创新的成功性；而新资源既带来新的知识和资源，还可以带来新工艺、新技术，因此，创业企业可以通过研发投入来推动突破性创新产品的研发，以实现创业企业的"弯道超车"。

5.1.2　资产—营收增长视角下创业企业联盟组合重构分析

　　创业板上市的创业企业过高程度的联盟组合重构反而不利于获取投资者和用户认可。创业企业联盟组合重构中新资源—新伙伴在资产与营收双增长组、单增长组和未增长组中存在显著差异（$F = 4.38$，$p = 0.013$）；创业企业联盟组合重构中旧资源—新伙伴在资产与营收双增长组、单增长组和未增长组中存在显著差异（$F = 3.46$，$p = 0.032$）。而创业企业联盟组合重构中新资源—旧伙伴在资产与营收双增长组、单增长组和未增长组中不存在显著差异。

其中，在资产和营收增长与否中，对于创业企业联盟组合重构中新资源—新伙伴而言（见表5-3），双增长组的新资源—新伙伴的均值为0.598，显著高于单增长组的0.528和未增长组的0.244，呈现递增趋势。对于创业企业联盟组合重构中新资源—旧伙伴而言，单增长组的新资源—旧伙伴的均值为0.072，显著高于双增长组的0.053和未增长组的0.001，呈现先增后减的非线性趋势。对于创业企业联盟组合重构中旧资源—新伙伴而言，未增长组的旧资源—新伙伴的均值为0.444，显著低于单增长组的1.096和双增长组的1.266，呈现递增的线性趋势。以上统计结果说明，创业企业过于频繁的联盟组合重构，可能并不利于创业企业实现资产和营收的增长。

创业板上市的创业企业过高程度的联盟组合重构反而不利于获取更高程度的投资者和用户认可。1516家实现资产和营收双增长的企业分组中新资源—新伙伴、新资源—旧伙伴在高预期组、资产导向组、收入导向组、适中增长组中并不存在显著性差异，但旧资源—新伙伴（$F = 14.61$，$p = 0.000$）上都存在显著性差异。其中，如表5-3所示，对于新资源—新伙伴而言，资产导向组的新资源—新伙伴的均值为0.836，显著高于高预期组的0.631、适中增长组的均值0.575和收入导向组的均值0.486。对于新资源—旧伙伴而言，收入导向组的新资源—旧伙伴的均值为0.081，显著高于适中增长组的0.056、资产导向组的均值0.036和高预期组的均值0.027。对于旧资源—新伙伴而言，高预期组的旧资源—新伙伴的均值为2.411，显著高于资产导向组的2.201、收入导向组的均值1.405和适中增长组的均值0.975。

表5-3　　创业企业不同资产和营收增长组之间联盟组合重构比较

联盟组合重构	资产和营收增长情况			资产和营收增长路径			
	双增长	单增长	未增长	高预期	资产导向组	收入导向组	适中增长组
新资源—新伙伴	0.598	0.528	0.244	0.631	0.836	0.486	0.575
新资源—旧伙伴	0.053	0.072	0.001	0.027	0.036	0.081	0.056
旧资源—新伙伴	1.266	1.096	0.444	2.411	2.201	1.405	0.975

5.1.3 创新视角下创业企业联盟组合重构分析

创业板上市的创业企业过高程度的联盟组合重构能够实现研发投入的增长，但在稳定的环境中却无法实现研发投入的增长。本书根据研发投入差值的均值，将研发投入差值区分为负增长、适度增长以及高增长组。在 1516 家研发投入变动情况的分组中，新资源—新伙伴（$F = 14.67$，$p = 0.000$）、新资源—旧伙伴（$F = 2.36$，$p = 0.095$）、旧资源—新伙伴（$F = 2.70$，$p = 0.068$）上在研发投入负增长、适度增长以及高增长组中存在显著差异。其中，在表 5 - 4 中，对于新资源—新伙伴而言，适度增长组的新资源—新伙伴的均值为 0.798，显著高于负增长组的 0.677、高增长组的均值 0.403。对于新资源—旧伙伴而言，高增长组的新资源—旧伙伴的均值为 0.367，显著高于适度增长组的 0.101、负增长组的均值 0.059。对于旧资源—新伙伴而言，负增长组的旧资源—新伙伴的均值为 1.366，显著高于高增长组的 1.056、适度增长组的均值 0.928。

表 5 - 4　　　　创业企业不同研发投入增长组之间联盟组合重构比较

联盟组合重构	研发投入增长情况		
	负增长	适度增长	高增长
新资源—新伙伴	0.677	0.798	0.403
新资源—旧伙伴	0.059	0.101	0.367
旧资源—新伙伴	1.366	0.928	1.056

由此可见，虽然创业板上市的创业企业会随着环境的变化来整体上重构联盟组合，但过于频繁的联盟组合重构不仅不利于企业获取投资者与用户的认可，也无法实现研发投入的增长。这一现象背后的原因可能是：虽然创业企业认识到联盟组合重构是企业持续成长的基础，意味着新颖的技术知识可能性和市场机会。同时，行业技术变革使得创业企业改变技术导

向，重新选择联盟伙伴，这也可能使联盟伙伴丧失技术优势，被企业淘汰。另外，联盟组合重构过于频繁则意味着创业企业需要高昂的维系成本，进而导致巨额管理成本、大量人力投入、市场认可度等不确定性风险更加凸显。

5.2　创业企业联盟组合中新资源—新伙伴及其业绩关系

基于动态能力的视角，联盟组合中新资源—新伙伴重构：一方面，联盟组合中新资源的获取，有利于创业企业缩短技术研发周期，分散技术开发风险和成本，减少技术研发试错时间，能够重塑联盟组合来适应新环境以推出新产品推向市场；另一方面，联盟组合中新伙伴的重塑，可以弥补创业企业联盟组合内部研发的不足，创业企业不断更新联盟组合伙伴，并与新联盟成员合作视为一种学习过程，在与其他企业或组织合作可以追赶上所在行业的发展。尤其是当面对突破性技术冲击、市场高度不确定性，联盟组合中新资源—新伙伴重构是应对这种不确定性的有效方式。通过建立以新技术、新知识、新资源等为目的的联盟合作，焦点企业可以更为有效地打破自身的封闭空间，与更广泛的想法、资源、创意和市场参与者建立联结纽带。总之，联盟组合重构中新资源—新伙伴被认为是焦点企业通过扫描环境发现机会，并据此整合、构建和重组联盟组合内新颖的、有价值的异质性资源和知识，以此来修正联盟组合能力，进而使其适应技术创新研发所面对的动态复杂性、高度不确定性以及高风险性的外部环境压力。具体特征：（1）联盟组合重构中新资源—新伙伴的最终目的是通过"创造性颠覆"来创造柔性组织，以及获取新颖的、有价值的异质性资源和知识，具体通过联盟成员关系、资源、架构以及联盟惯例的重新构建与组合来实现；（2）联盟组合重构中新资源—新伙伴的本质是让联盟组合建立良好的适应机制，使联盟组合在不同时期、不同创新情景下适应动态复杂性、高度不确定性以及高风险性的外部环境压力。因此，联盟组合中新资源—新伙伴的调整，可以使焦点企业系统整合、协调、配置以及重新构建联盟组合以及内外部资源和能力，进而有助于焦点企业应对外部市场环境变化与威胁，提升联盟组合价值创造的潜力。

综上所述，为分解联盟组合重构效应，本书进一步测量了创业企业联盟组合中新伙伴—新资源不同维度与企业业绩的影响。本书根据创业企业联盟组合中新伙伴—新资源的均值和标准差关系，分为低、中、高 3 个组别。如图 5－2 所示，在创业板上市的创业企业中，有 769 家创业企业属于低度新伙伴—新资源的联盟组合重构，占比为 50.7%；有 570 家创业企业属于中度新伙伴—新资源的联盟组合重构，占比为 37.6%；有 177 家创业企业属于高度新伙伴—新资源的联盟组合重构，占比为 11.7%。另外，在创业板上市的创业企业中，创业企业联盟组合重构属于低度新伙伴—新资源的平均数为 0.057；创业企业联盟组合重构属于中度新伙伴—新资源的平均数为 0.875；创业企业联盟组合重构属于高程度新伙伴—新资源的平均数为 2.074。

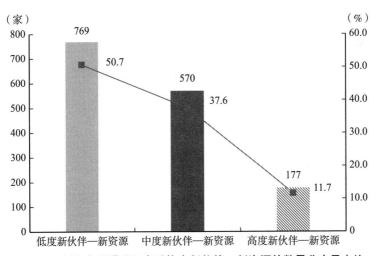

图 5－2　创业企业联盟组合重构中新伙伴—新资源的数量分布及占比

首先，创业企业联盟组合中新伙伴—新资源与企业当年年底的总资产（相关系数 -0.015，$p=0.551$）、营业收入（相关系数 0.013，$p=0.610$）的相关关系不显著；而创业企业联盟组合中新伙伴—新资源与企业当年年底的研发投入（相关系数 -0.268，$p=0.000$）存在显著的负相关关系。这一结果可以初步发现，创业企业联盟组合中新伙伴—新资源程度越高，创业企业的研发投入表现越来越差。

同时，基于创业企业联盟组合中新伙伴—新资源程度的分组，创业企业当年年底在总资产收入（$F=2.99$，$p=0.000$）、营业收入（$F=1.67$，$p=0.021$）以及研发投入（$F=7.80$，$p=0.000$）上表现出显著的差异性。由表 5-5 可以看出，创业企业联盟组合中新伙伴—新资源程度对企业的总资产收入、营业收入的平均数呈现出"先减后增"的趋势；而创业企业联盟组合中新伙伴—新资源程度对企业的研发投入的平均数呈现递减的趋势。其中，中度联盟组合中新伙伴—新资源的创业企业的总资产收入的平均数为 19.4 亿元，要低于低度联盟组合中新伙伴—新资源的创业企业总资产收入的平均数 22.3 亿元，以及低于高度联盟组合中新伙伴—新资源的创业企业总资产收入的平均数 19.5 亿元。中度联盟组合中新伙伴—新资源的创业企业的营业收入的平均数为 8.2 亿元，要低于低度联盟组合中新伙伴—新资源的创业企业营业收入的平均数 9.9 亿元，以及低于高度联盟组合中新伙伴—新资源的创业企业营业收入的平均数 10.6 亿元。低度的联盟组合中新伙伴—新资源的创业企业的研发投入的平均数为 2.4 亿元，要高于低等程度联盟组合中新伙伴—新资源的创业企业研发投入的平均数 0.5 亿元，以及高于高等程度联盟组合中新伙伴—新资源的创业企业研发投入的平均数 0.2 亿元。

表 5-5　　　创业企业联盟组合中新伙伴—新资源与企业业绩差异

业绩指标		低度新伙伴—新资源	中度新伙伴—新资源	高度新伙伴—新资源
总资产收入	平均数	22.3	19.4	19.5
	标准差	2.69	2.37	1.53

业绩指标		低度新伙伴—新资源	中度新伙伴—新资源	高度新伙伴—新资源
营业收入	平均数	9.9	8.2	10.6
	标准差	1.61	0.96	3.11
研发投入	平均数	2.4	0.5	0.2
	标准差	0.41	0.14	0.07

其次,本书进一步探究战略性新兴产业和非战略性新兴产业中联盟组合中新伙伴—新资源程度与创业企业业绩的差异。在战略性新兴产业中,创业企业联盟组合中新伙伴—新资源程度与企业当年年底的总资产(相关系数 0.011, $p=0.688$)、营业收入(相关系数 0.021, $p=0.457$)相关关系不显著;而创业企业联盟组合中新伙伴—新资源程度与企业当年年底的研发投入之间的相关性(相关系数 -0.286, $p=0.000$)显著。而在非战略性新兴产业中,创业企业联盟组合中新伙伴—新资源程度与企业当年年底的总资产(相关系数 -0.109, $p=0.094$)、研发投入(相关系数 -0.213, $p=0.001$)之间表现出显著的相关关系;创业企业联盟组合中新伙伴—新资源程度与企业当年年底的营业收入(相关系数 -0.044, $p=0.499$)之间的相关性不显著。同时,在战略性新兴产业中,创业企业联盟组合中新伙伴—新资源程度与企业当年年底在总资产收入($F=3.15$, $p=0.000$)、营业收入($F=1.57$, $p=0.048$)、研发投入($F=8.75$, $p=0.000$)上表现出显著性的差异。在非战略性新兴产业中,创业企业联盟组合中新伙伴—新资源程度与企业当年年底在总资产收入($F=0.86$, $p=0.633$)、营业收入($F=1.09$, $p=0.362$)和研发投入($F=1.31$, $p=0.181$)上并未表现出显著性的差异。另外,在战略性新兴产业中,随着创业企业联盟组合中新伙伴—新资源程度的增加,企业当年年底在总资产收入、营业收入上呈现"先减后增"的趋势;而研发投入呈现递减的趋势,如图 5-3 所示。在非战略性新兴产业中,随着创业企业联盟组合中新伙伴—新资源程度的增加,企业当年年底在总资产收入、营业收入和研发投入上呈现递减的趋势,如图 5-4 所示。

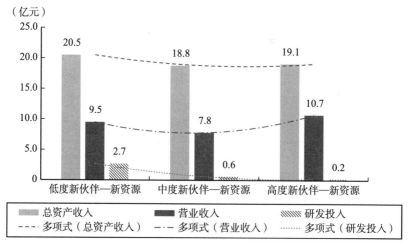

图5-3 战略性新兴产业中联盟组合新伙伴—新资源分组中企业绩效差异

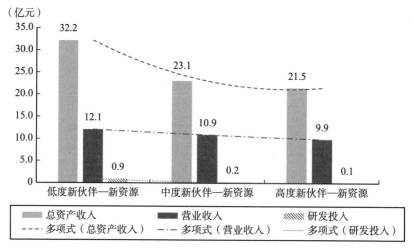

图5-4 非战略性新兴产业中联盟组合新伙伴—新资源分组中企业绩效差异

最后，为了进一步验证创业企业联盟组合中新伙伴—新资源程度与企业业绩的关系，本书对创业企业联盟组合中新伙伴—新资源程度与总资产收入、营业收入以及研发投入的关系进行了回归分析。由表5-6可以看出，在创业企业中，联盟组合中新伙伴—新资源一次项分别与总资产收入（回归系数-0.221，$p < 0.001$）、营业收入（回归系数-0.146，$p < 0.05$）、研

发投入（回归系数 -1.669，$p < 0.001$）之间存在显著负向影响。同时，在创业企业中，联盟组合中新伙伴—新资源二次项与总资产收入（回归系数 0.108，$p < 0.001$）、营业收入（回归系数 0.077，$p < 0.01$）、研发投入（回归系数 0.304，$p < 0.001$）之间存在显著正向影响。因此，本书可以进一步推断，创业企业联盟组合中新伙伴—新资源分别与总资产收入、营业收入、研发投入之间存在"先减后增"的 U 型关系。

表 5 - 6   创业企业联盟组合中新伙伴—新资源与企业业绩的回归分析

变量	总资产收入	营业收入	研发投入
常数项	21. 169 *** (0. 028)	20. 221 *** (0. 032)	17. 447 *** (0. 074)
新伙伴—新资源	- 0. 221 *** (0. 061)	- 0. 146 * (0. 069)	- 1. 669 *** (0. 0. 160)
新伙伴—新资源^2	0. 108 *** (0. 024)	0. 077 ** (0. 028)	0. 304 *** (0. 064)
R^2	0. 013	0. 006	0. 122
调整的 R^2	0. 012	0. 005	0. 121
F 值	10. 21 ***	4. 21 ***	102. 36 ***

注：*** 为 $p < 0.001$，** 为 $p < 0.01$，* 为 $p < 0.05$，括号中数值为标准误。

基于以上分析，创业企业联盟组合重构中新伙伴—新资源对创业企业经营和创新绩效具有重要影响。可以形成的最终判断是：对于初创型企业，联盟组合重构中新伙伴—新资源与创业企业总资产收入、营业收入以及研发投入之间存在 U 型关系。可能的原因是：无论在动态环境或者稳定环境下，创业企业都比较倾向于对新伙伴—新资源重构来适应外部环境的不确定性变化以及争取联盟持续创新优势所需的互补性资源，这种先天的优势为创业企业在联盟组合中扮演合法性地位进行基于价值创造的新伙伴—新资源重构行动提供了机会。但是，实施新伙伴—新资源重构行动可能需要投入大量的时间、精力以及财物等资源，同时它也可能面临联盟运行中止、联盟成员"惰性"等不利情况的产生，进而为创业企业的创新收益与产出带来不平衡性。因此，创业企业需要评估联盟组合的战略变革的能力，以及认清处于联盟组合中合法性地位，对因实施新伙伴—新资源重构所产生的大量异质性知识、资源、信息等进行有效整合，进而实现创新绩效的最大化。

5.3 创业企业联盟组合中旧伙伴—新资源及其业绩关系

联盟组合中与已有伙伴合作，可以增强联盟伙伴之间的信任，推动知识共享，提高协作效率，从而促进联盟创新。然而，与现有伙伴建立过多联盟合作关系可能会固化联盟组织结构，导致企业形成路径依赖，削弱其获取异质性资源和掌握新技术的能力，从而阻碍企业能力提升。一方面，创业企业在与联盟伙伴企业的多次合作过程中会形成解决联盟特定问题的行为规范，有利于促进联盟企业跨组织协作，提高联盟创新能力和创新协作效率。另一方面，与联盟组合已有成员的合作有利于加深双方联盟关系，使联盟关系由稀疏的弱关系变成紧密性和联结程度更高的强关系，降低联盟合作交易成本，减少机会主义行为，进而提高联盟合作创新效率。

然而，随着联盟合作水平的不断提升，创业企业与联盟伙伴企业间的跨组织规范越来越结构化，固定思维模式会限制企业对创新知识和创新思维的引入，容易使企业陷入"熟悉陷阱"，从而影响绩效。如此一来，对联盟组合新资源的有效重构成为企业在新常态经济中体现创新价值的主要源泉。通过联盟组合中新资源重构，焦点企业关注的不再是如何占有已有资源，而是如何对已拥有的资源进行有效利用以及如何对联盟成员进行最优化组合，进而实现联盟价值最大化。

综上所述，为分解联盟组合重构中旧伙伴—新资源效应，本书进一步测量了创业企业联盟组合中旧伙伴—新资源不同维度与企业业绩的影响。

本书根据创业企业联盟组合中旧伙伴—新资源的均值和标准差关系，分为低、中、高 3 个组别。如图 5-5 所示，在创业板上市的创业企业中，有957 家创业企业属于低度旧伙伴—新资源的联盟组合重构，占比为 63.1%；有 177 家创业企业属于中度旧伙伴—新资源的联盟组合重构，占比为 11.7%；有 382 家创业企业属于高度旧伙伴—新资源的联盟组合重构，占比为 25.2%。另外，在创业板上市的创业企业中，创业企业联盟组合重构属于低度旧伙伴—新资源的平均数为 0.013；创业企业联盟组合重构属于中度旧伙伴—新资源的平均数为 0.193；创业企业联盟组合重构属于高度旧伙伴—新资源的平均数为 0.733。

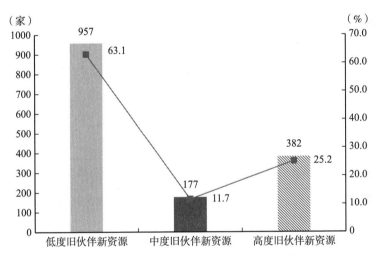

图 5-5　创业企业联盟组合中旧伙伴新资源程度数量分布及占比

首先，创业企业联盟组合中旧伙伴—新资源与企业当年年底的总资产（相关系数 -0.022，$p = 0.395$）、营业收入（相关系数 -0.029，$p = 0.258$）的相关关系不显著；而创业企业联盟组合中旧伙伴—新资源与企业当年年底的研发投入（相关系数 -0.071，$p = 0.006$）存在显著的负相关关系。这一结果可以初步发现，创业企业联盟组合中旧伙伴—新资源程度越高，创业企业的研发投入表现越来越差。

同时，基于创业企业联盟组合中旧伙伴—新资源程度的分组，创业企业当年年底在总资产收入（$F = 7.01$，$p = 0.039$）、营业收入（$F = 10.66$，$p = 0.064$）以及研发投入（$F = 11.40$，$p = 0.017$）上表现出显著的差异性。由表5-7可以看出，创业企业联盟组合中旧伙伴—新资源程度对企业的总资产收入、营业收入的平均数、研发投入的平均数呈现递减的趋势。其中，低度联盟组合中旧伙伴—新资源的创业企业的总资产收入的平均数为21.3亿元，要高于中度联盟组合中旧伙伴—新资源的创业企业总资产收入的平均数17.9亿元，以及高于高度联盟组合中旧伙伴—新资源的创业企业总资产收入的平均数15.4亿元。低度联盟组合中旧伙伴—新资源的创业企业的营业收入的平均数为9.6亿元，要高于低度联盟组合中旧伙伴—新资源的创业企业营业收入的平均数7.9亿元，以及高于高度联盟组合中旧伙伴—新资源的创业企业营业收入的平均数5.9亿元。低度的联盟组合中旧伙伴—新资源的创业企业的研发投入的平均数为1.5亿元，要高于低度联盟组合中旧伙伴—新资源的创业企业研发投入的平均数1.2亿元，以及高于高度联盟组合中旧伙伴—新资源的创业企业研发投入的平均数0.9亿元。

表5-7　　　　创业企业联盟组合中旧伙伴—新资源与企业业绩差异

业绩指标		低度旧伙伴—新资源	中度旧伙伴—新资源	高度旧伙伴—新资源
总资产收入	平均数	21.3	17.9	15.4
	标准差	2.52	1.09	1.31
营业收入	平均数	9.6	7.9	5.9
	标准差	1.74	0.63	0.63
研发投入	平均数	1.5	1.2	0.9
	标准差	0.33	0.09	0.17

其次，本书进一步探究战略性新兴产业和非战略性新兴产业中联盟组合中旧伙伴—新资源程度与创业企业业绩的差异。在战略性新兴产业中，创业企业联盟组合中旧伙伴—新资源程度与企业当年年底的总资产（相关系数 -0.018，$p = 0.503$）、营业收入（相关系数 -0.024，$p = 0.388$）相关关系不

显著；而创业企业联盟组合中旧伙伴—新资源程度与企业当年年底的研发投入之间的相关性（相关系数 -0.062，$p = 0.026$）显著。而在非战略性新兴产业中，创业企业联盟组合中旧伙伴—新资源程度与企业当年年底的总资产（相关系数 -0.061，$p = 0.352$）、研发投入（相关系数 -0.088，$p = 0.174$）之间表现出相关关系不显著；创业企业联盟组合中旧伙伴—新资源程度与企业当年年底的营业收入（相关系数 -0.116，$p = 0.075$）之间的相关性显著。同时，在战略性新兴产业中，创业企业联盟组合中旧伙伴—新资源程度与企业当年年底在总资产收入（$F = 13.21$，$p = 0.031$）、营业收入（$F = 9.456$，$p = 0.072$）、研发投入（$F = 6.72$，$p = 0.036$）上表现出显著性的差异。在非战略性新兴产业中，创业企业联盟组合中旧伙伴—新资源程度与企业当年年底在总资产收入（$F = 10.46$，$p = 0.032$）、营业收入（$F = 7.09$，$p = 0.042$）和研发投入（$F = 11.33$，$p = 0.051$）上表现出显著性的差异。另外，在战略性新兴产业中，随着创业企业联盟组合中旧伙伴—新资源程度的增加，企业当年年底在总资产收入、营业收入和研发投入上呈现递减的趋势，如图 5 − 6 所示。在非战略性新兴产业中，随着创业企业联盟组合中旧伙伴—新资源程度的增加，企业当年年底在总资产收入呈现"先增后减"的趋势；营业收入上呈现"先减后增"的趋势；而研发投入呈现递减的趋势，如图 5 − 7 所示。

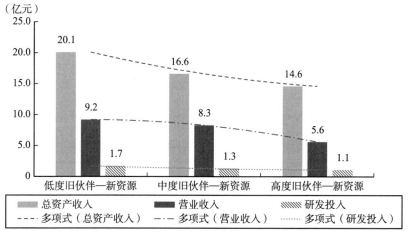

图 5 − 6 战略性新兴产业中联盟组合旧伙伴—新资源分组中企业绩效差异

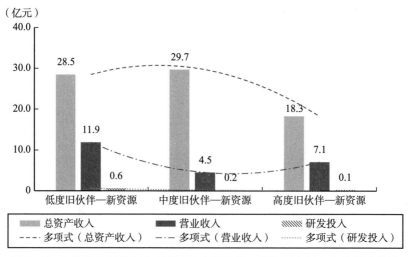

图 5 - 7   非战略性新兴产业中联盟组合旧伙伴—新资源分组中企业绩效差异

最后，为了进一步验证创业企业联盟组合中旧伙伴—新资源程度与企业业绩的关系，本书对创业企业联盟组合中旧伙伴—新资源程度与总资产收入、营业收入以及研发投入的关系进行了回归分析。由表 5 - 8 可以看出，在创业企业中，联盟组合中旧伙伴—新资源一次项分别与总资产收入（回归系数 - 0.388，$p < 0.05$）、营业收入（回归系数 - 0.473，$p < 0.05$）、研发投入（回归系数 - 0.865，$p < 0.05$）之间存在显著负向影响。同时，在创业企业中，联盟组合中旧伙伴—新资源二次项与总资产收入、营业收入、研发投入之间不存在显著影响。因此，本书可以进一步推断，创业企业联盟组合中旧伙伴—新资源分别与总资产收入、营业收入、研发投入之间存在递减的关系。

表 5 - 8   创业企业联盟组合中旧伙伴—新资源与企业业绩的回归分析

变量	总资产收入	营业收入	研发投入
常数项	21. 135 *** （0. 021）	20. 209 *** （0. 023）	16. 751 *** （0. 066）

变量	总资产收入	营业收入	研发投入
旧伙伴—新资源	-0.388 * (0.193)	-0.473 * (0.235)	-0.865 * (0.409)
旧伙伴—新资源^2	0.269 (0.187)	0.267 (0.213)	0.102 (0.521)
R^2	0.012	0.023	0.019
调整的 R^2	0.011	0.019	0.015
F 值	13.62 ***	17.81 ***	23.63 ***

注：*** 为 $p < 0.001$，** 为 $p < 0.01$，* 为 $p < 0.05$，括号中数值为标准误。

　　基于以上分析，创业企业联盟组合中旧伙伴新资源对创业企业经营和创新绩效具有重要影响。可以形成的最终判断是：对于初创型企业，联盟组合中旧伙伴新资源分别与总资产收入、营业收入、研发投入之间存在显著的负向关系。可能的原因是：创业企业所处外部环境的不可预测性，可能会限制联盟组合感知机会和威胁、预测和响应市场需求以及转移现有战略方向等能力。当处于完全不确定性的环境中时，说明外部市场环境动荡无序，联盟组合生存与发展所面临的环境不确定性和风险性也就越大，其希望通过联盟组合获取创新资源的难度也会提升。因此，创业企业急需从外部引入新资源来对联盟组合进行有效的重组与变革以获取相应的感知机会和威胁的能力，以及及时响应外部市场环境变革的能力。该结论说明，无论在动态环境或者稳定环境下，创业企业都比较倾向于变革联盟组合中旧伙伴—新资源战略来适应外部环境的不确定性变化以及争取联盟持续创新优势所需的互补性资源，这种先天的优势为创业企业在联盟组合中扮演合法性地位进行基于价值创造的旧伙伴—新资源战略行动提供了机会。但是，实施旧伙伴—新资源战略行动可能需要投入大量的时间、精力以及财物等资源，同时它也可能面临联盟运行中止、联盟成员"惰性"等不利情况的产生，进而为创业企业的创新收益与产出带来不平衡性。

5.4 创业企业联盟组合中新伙伴—旧资源及其业绩关系

为了打破旧制度、旧价值观对联盟组合的束缚，抛弃联盟组合中过时或误导性的观念、规则以及惯例，以及在寻求联盟合法性的努力中获取平衡，焦点企业需要采取有效的措施来更新已有的联盟成员。联盟组合中旧资源—新伙伴重构就是为了打破联盟中固有的规则和路径刚性，消除联盟成员的刚性与惰性，抛弃掉不利于联盟学习中过时的、误导性的，以及不良的固有联盟价值观或态度。并在此基础上，探索新的联盟异质性知识和联盟战略性变革，营造灵活与多样的联盟组合创新氛围，以构建独有的联盟合法性地位。因此，联盟组合中旧资源—新伙伴重构，是焦点企业基于寻求超越已有技术资源领域或跨技术资源领域的联盟伙伴，以使其能够通过引入新联盟伙伴资源与现有资源相结合，试图共同激发新的创意、想法、知识等的产生。

一方面，焦点企业通过对现有的联盟伙伴进行更新，与外部新组织建立联结关系，可以充分利用来自不同领域、不同技术属性、不同行业的知识或资源，如研发、创意、设计、锻造工艺等，突破焦点企业已有的知识瓶颈，构建新的资源壁垒。其中，校企合作是联盟组合中旧资源—新伙伴重构的重要形式，高校和科研院所被认为是基础研究的驱动力，而焦点企业通过与不同类型的高校、科研院所建立新的联系，可以持续获取此类联盟成员的科研成果，同时还可以发挥市场优势将高校、科研院所已有的知识进行技术转化和商业化。对于焦点企业而言，高等科研院校拥有其他组织中不会存在的现象，即多个学科广泛聚集，而焦点企业可以通过与不同的高校构建联盟合作伙伴关系，在获取和整合广泛的知识资源时提供了独特的机会。

另一方面，能力陷阱、核心刚性以及路径依赖等秉性使得，联盟组合需要通过有效的试错学习以及路径修复来对组合中存在的惯例与规则进行不断地调整与修正，避免颠覆式变革给联盟组合关系、结构、战略方向等带来的风险性以及高度不确定性。同时还需要注意通过联盟组合实现组合"柔性"与"权变"的培养，进而在动态复杂的环境中实现能力与创新战略的迭代和变革，并打破阻碍联盟组合变革或转型的"能力陷阱""核心刚性""组织结构惯性"，从而培养联盟组合在变革的环境中主动实现前瞻性创新战略的能力。特别是在外部环境的动荡变化时，已有的技术、联盟能力、联盟结构和关系可能会成为焦点企业实施创新战略的阻碍；联盟伙伴本身所携带的惯例、观念、规制等文化差异性所具有稳定性、组织黏性等特征，可能也会阻碍联盟合作过程中的技术变革。因此，通过对旧的联盟组合关系、配置、资源结构等的变革，实现新旧联盟组合的彼此迭代和更新，有助于焦点企业在动态的技术变革环境中及时修正联盟组合的发展轨迹和技术发展方向，进而促进企业绩效的提升。

综上所述，为进一步解答联盟组合中新伙伴—旧资源与企业业绩的关系，这一部分主要考虑创业企业联盟组合中新伙伴—旧资源对经营和创新绩效的影响。本书根据创业企业联盟组合中新伙伴—旧资源的均值和标准差关系，分为低、中、高 3 个组别。如图 5 - 8 所示，在创业板上市的创业企业中，有 774 家创业企业联盟组合中属于低度新伙伴—旧资源，占比为 51.1%；有 562 家创业企业联盟组合中属于中度新伙伴—旧资源，占比为 37.1%；有 180 家创业企业联盟组合中属于高度新伙伴—旧资源，占比为 11.8%。另外，在创业板上市的创业企业中，创业企业联盟组合中度新伙伴—旧资源的平均数为 0.134；创业企业联盟组合中高度新伙伴—旧资源的平均数为 1.323；创业企业联盟组合中高度新伙伴—旧资源的平均数为 4.845。

首先，创业企业联盟组合新伙伴—旧资源与企业当年年底的总资产（相关系数 0.189，$p = 0.000$）、营业收入（相关系数 0.141，$p = 0.000$）、研发投入（相关系数 -0.222，$p = 0.000$）表现出显著的正相关关系。这一结果可以初步发现，创业企业联盟组合新伙伴—旧资源程度越高，创业企业的总资产收入和营业收入也表现得更好；但创业企业联盟组合新伙伴—旧资源程度与创业企业的研发投入表现较差。

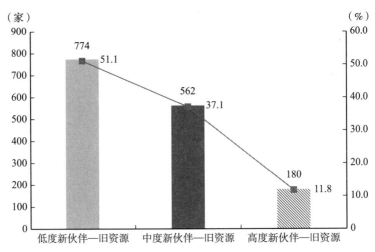

图5-8 创业企业联盟组合新伙伴—旧资源程度数量分布及占比

同时，基于创业企业联盟组合新伙伴—旧资源程度的分组，创业企业当年年底在总资产收入（$F = 3.50$，$p = 0.000$）、营业收入（$F = 1.77$，$p = 0.006$）以及研发投入（$F = 4.48$，$p = 0.000$）上表现出显著的差异性。由表5-9可以看出，创业企业联盟组合新伙伴—旧资源程度对企业的总资产收入、营业收入的平均数呈现出"先增后减"的趋势；而创业企业联盟组合新伙伴—旧资源程度对研发投入的平均数呈现出递减的趋势。其中，中度联盟组合新伙伴—旧资源的创业企业的总资产收入的平均数为20.9亿元，要高于低度联盟组合新伙伴—旧资源的创业企业总资产收入的平均数18.3亿元，以及高于高度联盟组合新伙伴—旧资源的创业企业总资产收入的平均数14.8亿元。中度联盟组合新伙伴—旧资源的创业企业的营业收入的平均数为9.9亿元，要高于低度联盟组合新伙伴—旧资源的创业企业营业收入的平均数7.6亿元，以及高于高度联盟组合新伙伴—旧资源的创业企业营业收入的平均数6.3亿元。低度的联盟组合新伙伴—旧资源的创业企业的研发投入的平均数为2.6亿元，要高于中度联盟组合新伙伴—旧资源的创业企业研发投入的平均数1.3亿元，以及高于高度联盟组合新伙伴—旧资源的创业企业研发投入的平均数0.5亿元。

表 5 – 9 创业企业联盟组合新伙伴—旧资源与企业业绩差异

业绩指标		低度新伙伴—旧资源	中度新伙伴—旧资源	高度新伙伴—旧资源
总资产收入	平均数	18.3	20.9	14.8
	标准差	2.18	2.13	1.53
营业收入	平均数	7.6	9.9	6.3
	标准差	0.84	2.13	0.72
研发投入	平均数	2.6	1.3	0.5
	标准差	0.42	0.97	0.27

其次，本书进一步探究战略性新兴产业和非战略性新兴产业中联盟组合新伙伴—旧资源与创业企业业绩的差异。在战略性新兴产业中，创业企业联盟组合新伙伴—旧资源与企业当年年底的总资产（相关系数 0.194，$p = 0.000$）、营业收入（相关系数 0.145，$p = 0.000$）表现出显著的正相关关系；创业企业联盟组合新伙伴—旧资源与企业当年年底的研发投入（相关系数 -0.213，$p = 0.000$）之间表现出显著的负相关性。而在非战略性新兴产业中，创业企业联盟组合新伙伴—旧资源与企业当年年底的总资产（相关系数 0.119，$p = 0.067$）表现出显著的正相关关系；创业企业联盟组合新伙伴—旧资源与企业当年年底的研发投入（相关系数 -0.281，$p = 0.000$）表现出显著的负相关关系；创业企业联盟组合新伙伴—旧资源与企业当年年底的营业收入之间的相关性不显著。同时，在战略性新兴产业中，创业企业联盟组合新伙伴—旧资源与企业当年年底在总资产收入（$F = 4.25$，$p = 0.000$）、营业收入（$F = 1.99$，$p = 0.000$）、研发投入（$F = 4.44$，$p = 0.000$）上表现出显著性的差异。在非战略性新兴产业中，创业企业联盟组合新伙伴—旧资源与企业当年年底在研发投入（$F = 2.48$，$p = 0.000$）上表现出显著性的差异；但创业企业联盟组合新伙伴—旧资源与企业当年年底在总资产收入、营业收入上并未表现出显著性的差异。另外，在战略性新兴产业中，随着创业企业联盟组合新伙伴—旧资源程度的增加，企业当年年底在总资产收入、营业收入上呈现递增的趋势，而企业研发投入呈

现递减的趋势，如图 5-9 所示。在非战略性新兴产业中，随着创业企业联盟组合新伙伴—旧资源程度的增加，企业当年年底在总资产收入、营业收入上呈现递增的趋势，而企业研发投入呈现递减的趋势，如图 5-10 所示。

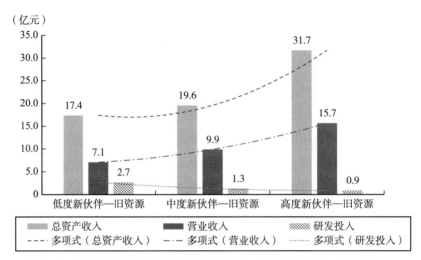

图 5-9　战略性新兴产业中联盟组合新伙伴—旧资源分组中企业绩效差异

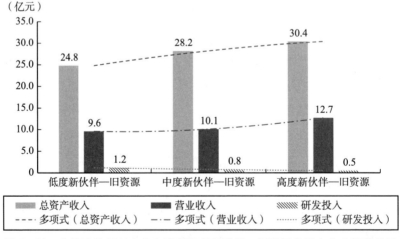

图 5-10　非战略性新兴产业中联盟组合新伙伴—旧资源分组中企业绩效差异

最后，为了进一步验证创业企业联盟组合新伙伴—旧资源与企业业绩的关系，本书对创业企业联盟组合新伙伴—旧资源与总资产收入、营业收入以及研发投入的关系进行了回归分析。由表 5 - 10 可以看出，在创业企业中，联盟组合新伙伴—旧资源一次项与总资产收入（回归系数 0.071，$p <$ 0.001）、营业收入（回归系数 0.085，$p < 0.001$）之间存在显著正向影响，而联盟组合新伙伴—旧资源一次项与研发投入（回归系数 - 0.778，$p <$ 0.001）之间存在显著负向关系。同时，在创业企业中，联盟组合新伙伴—旧资源二次项与总资产收入和营业收入之间关系不显著；联盟组合新伙伴—旧资源二次项与研发投入（回归系数 0.042，$p < 0.001$）之间存在显著正向影响。因此，本书可以进一步推断，创业企业联盟组合新伙伴—旧资源与总资产收入、营业收入之间存在正向关系；而创业企业联盟组合新伙伴—旧资源与研发投入之间存在"先增后减"的倒 U 型关系。

表 5 - 10　　创业企业联盟组合新伙伴—旧资源与企业业绩的回归分析

变量	总资产收入	营业收入	研发投入
常数项	21.042 *** (0.025)	20.104 *** (0.022)	17.417 *** (0.067)
新伙伴—旧资源	0.071 *** (0.021)	0.085 *** (0.023)	- 0.778 *** (0.053)
新伙伴—旧资源^2	0.016 (0.017)	0.074 (0.226)	0.042 *** (0.005)
R^2	0.041	0.035	0.149
调整的 R^2	0.039	0.034	0.148
F 值	31.95 ***	27.24 ***	27.24 ***

注：*** 为 $p < 0.001$，** 为 $p < 0.01$，* 为 $p < 0.05$，括号中数值为标准误。

基于以上分析，创业企业联盟组合新伙伴—旧资源对创业企业经营和创新绩效具有重要影响。可以形成的最终判断是：对于初创型企业，联盟组合新伙伴—旧资源与创业企业总资产收入、营业收入之间存在正向关系；而联盟组合新伙伴—旧资源与创业企业研发投入之间存在倒 U 型关系。可能的原因是：创业企业可以通过选择联盟组合重构中新伙伴—旧资源战略，将联盟内外部潜在支持内化为联盟组合独特的资源和能力，并协助新生联盟组合主动克服"新生弱性"和"身份认同"障碍，实现新伙伴—旧资源战略所带来的积极的价值创造潜力，并在此基础上建立更具有战略意义和代表性的联盟合法性认知。然而，并不是所有实施新伙伴—旧资源战略都能获取合法性地位和认同。联盟组合中新伙伴—旧资源战略最终目的是"创造性颠覆"，因此，它的实施和操作可能伴随着与旧有联盟制度和外部环境的挑战，不同的联盟组织重构内部矛盾也将影响着焦点企业所获取的合法性认知程度。例如，若新伙伴—旧资源战略所带来的内部矛盾较低时，联盟成员不会由于竞争意识或生存问题而产生联盟内部对抗以及"拖后腿"现象，而更有可能形成彼此信任与稳定的联盟伙伴关系，并把有限的异质性资源投入到联盟组合价值上，进而提升联盟合法性，而高的联盟合法性又会进一步促进组合中的创新绩效。若新伙伴—旧资源战略所带来的内部矛盾较大时，可能产生潜在的联盟内部对抗问题，使得联盟组合不得不选择将联盟有限的资源和精力花费在联盟内部对抗的窘境中，从而影响联盟组合对联盟成员关系的互动程度、异质性知识和资源的利用程度，以及减少联盟组合对创新资源的投入，进而导致联盟合法性降低，影响创业企业创新绩效。

第6章　创业企业联盟组合
与战略柔性表现

在数字经济时代，创业企业成长需要协调和整合内外部的知识和资源，同时还需要及时调整企业策略导向、组织架构等。因此，创业企业是否组建或加入联盟组合中，都涉及创业企业的战略柔性。从创业企业内部来看，创业企业在建立或加入联盟组合时需要相应的战略柔性来保障，这种保障可以在获取异质性资源中保持灵活性和有效性，并将捕获的新资源进行重新配置，或者将创业企业已有的资源进行开发来发现新用途，为创业企业联盟组合提供丰富的资源基础。而从创业企业外部变化来看，创业企业在建立或加入联盟组合时，可以通过战略柔性来提高自身的环境感知敏锐性，并时刻关注外部环境的更新和竞争对手的信息变化，来提前对可能的风险进行预测。因此，战略柔性作为增强联盟适应力和灵活性的一种能力，是降低创新风险，促进企业绩效的关键。战略柔性反映了企业在应对外部变化的过程中快速地投入资源以及应用自如地配置资源的能力。这种柔性一方面表现为资源柔性（resource flexibility），即企业对资源具有多样的可选择性和适用性；另一方面表现为协调柔性（coordination flexibility），即应用自如地配置资源以应用于各种新的战略用途。联盟组合重构可以发现新知识和能力的组合，帮助企业适应技术与市场环境的快速变化，这为企业战略柔性的提升创造了积极条件。那么，创业企业联盟组合对战略柔性究竟有何影响，现阶段几乎没有相关研究提供了有价值的证据或线索。创业企业联盟组合对于推动创业企业市场机会或资源捕获具有重要影响，那么是否会促进或抑制创业企业的战略柔性？回答这一问题对于更加深入地探讨创业企业联盟组合对战略柔性的影响具有重要意义。这一问题可以细分为两个阶段性问题；一个是战略柔性的资源柔性维度和协调柔性维度程度有多大（方案性影响）；另一个是否重构战略柔性（方向性影响）。那么，本章试图关注的问题是：是否有些联盟组合（多样性和重构）因素会抑制创业企业的战略柔性形成（低等程度战略柔性）？是否有些联盟组合（多样性和重构）因素会促进战略柔性形成（中等程度战略柔性）？是否有些联盟组合（多样性和重构）因素会推动创业企业进行超前的战略柔性形成（高等程度战略柔性）？

6.1　战略柔性表现差异分析

本书借鉴李婉红和王帆（2023）的研究，采用研发强度、资本支出强度和广告强度的综合变异系数来测量创业企业的资源柔性。其中，研发强度主要采用研发费用与主营业务收入的比例对其进行测量；资本支出强度主要采用企业资本性支出与主营业务收入的比例对其进行测量；广告强度主要采用企业销售费用与主营业务收入的比例对其进行测量。在此基础上，计算出三者在各年份的变异系数。该值越大，说明创业企业的资源柔性越高。本书借鉴邓渝和王嘉斐（2023）的研究，在对协调柔性的测量，其依据主要是企业是否明确建立联盟协调规范，如果企业通过成立专门的管理部门、管理小组或岗位负责管理与协调联盟资源，则协调规范取值为1，反之则取0。本书主要基于战略柔性维度分为资源柔性和协调柔性，其中资源柔性根据均值和标准差可分为三组：资源柔性得分小于0.10为低度资源柔性的创业企业组，有186家，占比为12.3%；资源柔性得分0.10~0.30为中度资源柔性的创业企业组，有938家，占比为61.9%；资源柔性得分等于或大于0.30为高度创业企业组，有392家，占比为25.8%。具体如图6－1所示。另外，协调柔性根据均值和标准差可分为三组：协调柔性得分小于

0.045 为低度协调柔性的创业企业组，有 732 家，占比为 48.3%；协调柔性得分 0.045 ~ 0.145 为中度协调柔性的创业企业组，有 311 家，占比为 20.5%；协调柔性得分等于或大于 0.145 为高度协调柔性的创业企业组，有 473 家，占比为 31.2%。具体如图 6 - 2 所示。

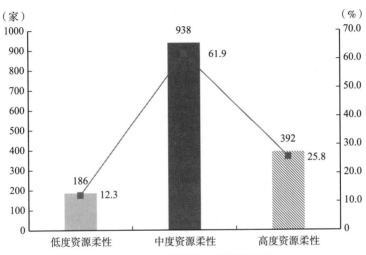

图 6 - 1　资源柔性分组数量及占比

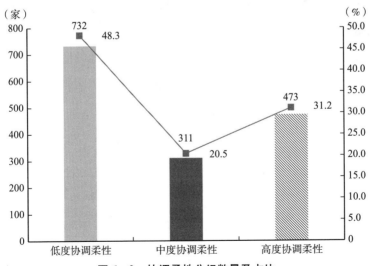

图 6 - 2　协调柔性分组数量及占比

6.1.1　行业差异

1516 家创业企业战略柔性程度存在着行业差异。从总体来看，战略性新兴行业内创业企业战略柔性的资源柔性维度（$T = -6.275$，$p = 0.000$）得分平均数高于非战略性新兴行业，而非战略性新兴行业内创业企业战略柔性的协调柔性维度（$T = 3.163$，$p = 0.002$）得分平均数约高于战略性新兴行业，并且这一差异都存在着统计上的显著性。见表 6 - 1，与非战略性新兴行业相比较，战略性新兴行业由于受到国家政策的支持，可以容易获取相应的资源；但战略性新兴行业的组成大部分是互联网创业企业，因此较少在党组织、行业协会任职，因此其协调柔性也相对较弱。具体而言，在资源柔性维度方面，不同资源柔性水平之间存在着行业差异：中度资源柔性组（$T = -2.443$，$p = 0.015$），战略性新兴行业内创业企业的资源柔性程度平均数显著性地高于非战略性新兴行业；在协调柔性维度方面，不同协调柔性水平之间存在着行业差异：中度协调柔性组（$T = -2.209$，$p = 0.029$），战略性新兴行业内创业企业的协调柔性程度平均数显著性地高于非战略性新兴行业。这一结果表明，战略柔性的资源柔性维度和协调柔性维度之间存在着重要差异，特别是在战略性新兴领域，战略柔性的资源柔性维度可能更大程度上得益于政策支持，但战略柔性的协调维度可能更大程度上来源于高管拥有的政治资源，并可以在第一时间采取行动来获取先动优势。

表 6 - 1　　　　　　　创业企业战略柔性程度的行业差异

组别		资源柔性维度		协调柔性维度	
		战略性 新兴产业	非战略性 新兴产业	战略性 新兴产业	非战略性 新兴产业
所有企业	平均数	0.250	0.173	0.039	0.054
	标准差	0.139	0.107	0.095	0.126

组别		资源柔性维度		协调柔性维度	
		战略性 新兴产业	非战略性 新兴产业	战略性 新兴产业	非战略性 新兴产业
低度柔性	平均数	0.079	0.073	0.000	0.000
	标准差	0.020	0.013	0.000	0.000
中度柔性	平均数	0.195	0.176	0.100	0.103
	标准差	0.051	0.059	0.019	0.026
高度柔性	平均数	0.425	0.432	0.251	0.344
	标准差	0.111	0.051	0.113	0.202

6.1.2 地区差异

1516 家创业企业战略柔性的资源柔性维度（$F = 5.73$，$p = 0.000$）和协调柔性维度（$F = 3.41$，$p = 0.002$）还存在着地区差异：西南地区、华北地区、华中地区是战略柔性中资源柔性维度较高的区域，华东地区、东北地区构成战略柔性中资源柔性维度较低的区域。如表 6 - 2 所示，从战略柔性中资源柔性维度来看，地区间差异集中体现为西南地区和东北地区，西北地区和东北地区在战略柔性中协调柔性得分均值最低同时这两个地区之间不存在显著差异。这一结果与我国经济社会发展的地区差异基本一致，成渝双城经济圈为主构成的西南地区、京津冀为主构成的华北地区等，目前来看是中国互联网等新兴行业更加集中和发达的地区。

表 6 - 2   创业企业战略柔性程度的地区差异

地区	资源柔性维度		协调柔性维度	
	平均数	标准差	平均数	标准差
华北地区	0.261	0.143	0.052	0.105
华东地区	0.212	0.125	0.034	0.084

地区	资源柔性维度		协调柔性维度	
	平均数	标准差	平均数	标准差
东北地区	0.190	0.109	0.029	0.068
华中地区	0.246	0.114	0.052	0.103
华南地区	0.227	0.129	0.055	0.126
西南地区	0.319	0.206	0.068	0.130
西北地区	0.245	0.158	0.017	0.053

在战略柔性中协调柔性维度，西南地区、华南地区、华北地区以及华中地区构成战略柔性中协调柔性维度较高的区域，而华东地区、东北地区、西部地区则构成了战略柔性中协调柔性较低的区域。特别是，华东地区的创业企业在战略柔性中协调柔性维度的得分平均数显著性地低于西南地区、华南地区、华北地区以及华中地区，但华东地区要显著性地高于东北地区和西北地区。这一结果再次验证了战略柔性中协调柔性维度与资源柔性维度的差异，这一差异不仅表现在资源柔性维度和协调柔性的难易程度，而且更有可能表现为两者之间的驱动因素存在着重要差异。

6.1.3 年限差异

1516家创业企业战略柔性程度存在着年限差异。从总体来看，创业企业战略柔性维度之间在不同企业成立年限间差异性存在着统计上的显著性。具体而言，见表6-3，在战略柔性维度方面，不同资源柔性水平之间存在着年限差异，而不同协调柔性水平之间不存在着年限差异：在战略柔性的资源柔性维度方面，在高度柔性组、中度柔性组、低度柔性组中14年以内创业企业的资源柔性程度平均数显著性地高于14年以上企业；在战略柔性的协调柔性维度方面，高度柔性组、中度柔性组、低度柔性组中三个组内企业的协调柔性程度得分不存在着年限差异。这一结果表明，战略柔性的资源柔性维度和协调柔性维度之间存在着重要差异,特别是在,战略柔性的协调柔性维度可能更大程度上得益于企业的经营年限,但战略柔性的资源柔性维度似乎并不会受制于企业年限的差异。

表 6 - 3　　　　　　　　创业企业战略柔性程度的年限差异

组别		资源柔性维度		协调柔性维度	
		14 年以内	14 年以上	14 年以内	14 年以上
所有企业	平均数	0.251	0.229	0.040	0.043
	标准差	0.141	0.134	0.091	0.106
低度柔性	平均数	0.08	0.076	0	0
	标准差	0.017	0.019	0	0
中度柔性	平均数	0.193	0.191	0.101	0.101
	标准差	0.054	0.053	0.019	0.023
高度柔性	平均数	0.429	0.423	0.243	0.278
	标准差	0.126	0.094	0.112	0.141

6.1.4　企业规模差异

1516 家创业企业战略柔性程度存在着企业规模差异。从总体来看,创业企业战略柔性中资源柔性维度($F = 3.91$,$p = 0.020$)之间在不同企业规模间差异性存在着统计上的显著性,而创业企业战略柔性中协调柔性维度之间在不同企业规模间差异性不存在着统计上的显著性。具体而言,见表 6 - 4,在战略柔性的资源柔性维度方面,低规模的创业企业在资源柔性维度的平均数为 0.251,显著高于中规模的创业企业在资源柔性维度的平均数 0.237 和高规模的创业企业在资源柔性维度的平均数 0.192;在战略柔性的协调柔性维度方面,低规模的创业企业在协调柔性维度的平均数为 0.052,高于中规模的创业企业在协调柔性维度的平均数 0.045 和高规模的创业企业在协调柔性维度的平均数 0.037。

表6-4 创业企业战略柔性程度的企业规模差异

企业规模	资源柔性维度		协调柔性维度	
	平均数	标准差	平均数	标准差
低规模	0.251	0.172	0.052	0.097
中规模	0.237	0.138	0.045	0.105
高规模	0.192	0.108	0.037	0.067

6.1.5 联盟组合规模差异

1516家创业企业战略柔性程度存在着联盟组合规模差异。从总体来看，创业企业战略柔性维度之间在不同联盟组合规模间差异性存在着统计上的显著性。具体而言，在战略柔性维度方面，不同资源柔性水平之间存在着联盟组合规模差异（$F = 11.98$，$p = 0.000$），而不同协调柔性水平之间不存在着联盟组合规模差异：在战略柔性的资源柔性维度方面，联盟组合规模在4个以下的创业企业资源柔性维度的平均数为0.247，显著高于联盟组合规模在4~9个的创业企业资源柔性维度的平均数为0.232和联盟组合规模在9个以上的创业企业资源柔性维度的均值为0.178；在战略柔性的协调柔性维度方面，联盟组合规模在4个以下的创业企业协调柔性维度的均值为0.041，低于联盟组合规模在4~9个的创业企业协调柔性维度的均值为0.043和联盟组合规模在9个以上的创业企业协调柔性维度的平均数为0.050。同时，在资源柔性维度上，联盟组合规模在4个以下、4~9个以及9个以上的创业企业，低度资源柔性的平均数显著低于中度资源柔性的平均数和高度资源柔性的平均数；在协调柔性维度上，联盟组合规模在4个以下、4~9个以及9个以上的创业企业，中度协调柔性的平均数显著低于高度协调柔性的平均数。这一结果表明，战略柔性的资源柔性维度和协调柔性维度之间存在着重要差异，特别是，战略柔性的资源柔性维度可能更大程度上受制于创业企业的联盟组合伙伴数量限制，联盟组合伙伴数量越多，战略柔性的资源柔性维度越差；而战略柔性的协调柔性维度可能更大程度上得益于创业企业的联盟组合数量，联盟组合伙伴数量越多，创业企业的协调柔性也就越好。

表 6 - 5　　　　　　　创业企业战略柔性程度的联盟组合规模差异

组别		资源柔性维度			协调柔性维度		
		4 个以下	4~9 个	9 个以上	4 个以下	4~9 个	9 个以上
所有企业	平均数	0.247	0.232	0.178	0.041	0.043	0.050
	标准差	0.136	0.143	0.106	0.102	0.086	0.109
低度柔性	平均数	0.078	0.077	0.082	——	——	——
	标准差	0.015	0.019	0.015	——	——	——
中度柔性	平均数	0.190	0.194	0.166	0.108	0.095	0.105
	标准差	0.051	0.057	0.052	0.020	0.018	0.199
高度柔性	平均数	0.423	0.442	0.399	0.257	0.208	0.248
	标准差	0.096	0.136	0.072	0.137	0.080	0.141

6.2　创业企业联盟组合多样性对战略柔性的影响

战略柔性意味着企业在不确定性环境中拥有一系列可选择的行动方案，但这些行动方案的执行也通常被企业所拥有的资源和知识限制。一般而言，企业掌握的异质性资源和知识越丰富，企业在联盟组合的中心性位置越居中，那么企业的战略选择空间也就相应的越大。因此，可以这样说，创业企业的联盟组合多样性是企业建立战略柔性的基石，这进而可能会成为企业有效管理和应对外部复杂性环境风险的关键。联盟组合多样性能为企业提供大量的知识、信息等资源，但由于资源的稀缺性与异质性等特征所导致的联盟组合内成员间的竞争性行为，也给企业评估甄选、整合重组这些资源提出了较高的要求。因此，本书提出创业板上市的创业企业联盟组合多样性在战略柔性表现上是否存在差异？创业企业联盟组合多样性对战略柔性有何影响？

6.2.1 创业企业联盟组合多样性对战略柔性的影响

我们认为联盟组合多样性因素从资源多样性和功能多样性两个角度来影响战略柔性的形成决策。其中，对于联盟组合资源多样性，我们将其概括为联盟组合多样性影响的知识属性有效性。资源属性的有效性是联盟组合中创业企业所拥有的关键资源。创业企业具有新生弱势和资源劣势，因此，获取外部资源、资源创造以及资源积累是创业企业联盟组合形成的基础。但是，也需要注意的是，资源多样性在某种程度上会增加创业企业的管理成本，以及增加联盟组合伙伴之间的冲突和摩擦。资源属性的有效性，可以将联盟组合伙伴为焦点企业提供的资源分为物质、生产、技术、市场、政治和其他类型资源，例如市场资源是用于市场开发与推广的营销资源，生产资源是投入于生产过程的流程方案、辅助与服务过程等。对于联盟组合功能多样性，我们将其概括为创业企业实现基于联盟组合的可能性。联盟组合实现的可能性主要是指联盟组合提供的价值活动功能，包括供应、生产、研发、营销、销售和其他类别。联盟组合实现的可能性，聚焦于创业企业战略决策的制定，需要创业企业的资源基础与之匹配，并可以将资源进行调用来投入到创业企业有限数量的、集中化的经营绩效或创新活动中，使得创业企业的联盟组合的伙伴选择范围更加聚焦并使决策目标更为清晰明确。

1. 创业企业联盟组合多样性与资源柔性维度的关系

战略柔性的资源柔性维度的核心是关注创业企业现有资源的使用范围和转化成本问题。这部分主要关注创业企业联盟组合多样性影响资源柔性维度可能性及其程度大小。在分析思路上，采用比较研究思路，分析比较"资源柔性差（低度资源柔性）与资源柔性好（包括中度资源柔性和高度资源柔性）"以及"适度资源柔性（中度资源柔性）与高度资源柔性"在反映联盟组合中资源、功能等三个方面机制指标的差异程度，在差异比较中找寻共同规律。

第一，从静态视角看，为什么有的创业企业并不愿意选择进行资源柔性？尽管在 1516 家创业企业中，仅有 186 家企业建立较低程度的资源柔性；但是，值得思考的是，为什么在行业内绝大多数创业企业都致力于尝试构建企业资源柔性的情况下，仍有少数创业企业对完善企业资源柔性的意愿较低？基于资源柔性好与差进行分组，并与联盟组合的静态属性对比发现（见表 6 - 6），不同组在联盟组合资源多样性方面存在显著的差异（$T = 4.009$，$p = 0.000$）：在资源多样性中，低度的资源多样性（$T = 1.212$，$p = 0.043$）在统计学上存在显著的差异；而适度程度的资源多样性和高等程度的资源多样性在统计学上不存在显著的差异。其中，资源柔性差的分组，其联盟组合资源多样性平均数要高于资源柔性好的分组。与联盟组合多样性的功能属性对比发现，不同组在联盟组合功能多样性方面存在显著的差异（$T = 2.614$，$p = 0.009$）：在创业企业联盟组合功能多样性中，低度的功能多样性在统计学上不存在显著的差异；而适度程度的功能多样性（$T = 2.223$，$p = 0.027$）、高度的功能多样性（$T = -2.113$，$p = 0.037$）在统计学上存在显著的差异。其中，资源柔性差的分组，其联盟组合功能多样性平均数要高于资源柔性好的分组。

第二，从动态视角看，为什么不同创业企业的战略柔性的资源柔性程度存在差异？在 1516 家创业企业中，有 938 家创业企业在战略柔性上选择适度资源柔性，而仅有 392 家创业企业在战略柔性上选择了高度资源柔性。联盟组合多样性的资源属性对比发现，不同组在联盟组合资源多样性方面存在显著的差异（$T = 6.664$，$p = 0.000$）：在资源多样性中，低度的资源多样性（$T = 2.616$，$p = 0.010$）、适度程度的资源多样性（$T = 1.699$，$p = 0.089$）在统计学上存在显著的差异；而高度的资源多样性在统计学上不存在显著的差异。其中，适度资源柔性分组的创业企业，其联盟组合资源多样性平均数要高于较高程度资源柔性分组的创业企业，见表 6 - 6。与联盟组合多样性的功能属性对比发现，不同组在联盟组合功能多样性方面存在显著的差异（$T = 5.785$，$p = 0.000$）：在功能多样性中，低度的功能多样性（$T = 2.580$，$p = 0.011$）、高度的功能多样性（$T = 1.669$，$p = 0.098$）在统计学上存在显著的差异；而适度程度的功能多样性在统计学上不存在显著的差异。其中，适度资源柔性分组的创业企业，其联盟组合功能多样性平均数要高于资源柔性较高分组的创业企业。

表6-6　　　　　　　　　联盟组合多样性与资源柔性维度关系

联盟组合多样性		是否柔性比较		柔性程度比较	
		柔性差	柔性好	适度柔性组	高度柔性组
联盟组合资源机制	资源多样性	0.571	0.463	0.516	0.399
	低度资源多样性	0.003	0.003	0.009	0.000
	适度资源多样性	0.559	0.541	0.548	0.532
	高度资源多样性	0.741	0.745	0.745	0.746
联盟组合功能机制	功能多样性	0.533	0.461	0.508	0.404
	低度功能多样性	0.007	0.005	0.011	0.001
	适度功能多样性	0.607	0.574	0.575	0.573
	高度功能多样性	0.754	0.764	0.766	0.759

2. 创业企业联盟组合多样性与协调柔性维度的关系

战略柔性中的协调柔性主要关注在资源应用与整合过程中组织的适应状态。这部分主要关注创业企业联盟组合多样性如何影响战略柔性中协调柔性可能性及其程度大小。在分析思路上，采用比较研究思路，分别比较"协调柔性中没有建立协调柔性（没有建立有关联盟组合管理的相关部门）与已经建立协调柔性（已经建立有关联盟组合管理的相关部门）"以及"协调柔性中适度柔性与高度柔性"在反映创业企业联盟组合多样性身份属性、资源属性、功能属性三方面机制指标的差异程度，在差异比较中找寻共性规律。

第一，从静态视角看，为什么有的创业企业选择不构建协调柔性来对联盟组合进行管理？在 1516 家创业企业中，战略柔性中建立较低度协调柔性的机构有 732 家，建立中度和较高度协调柔性的机构有 784 家。为什么在行业内大多数创业企业仍旧不尝试建立新的联盟组合协调机制？基于协调柔性中没有建立协调柔性（没有建立有关联盟组合管理的相关部门）与已经建立协调柔性（已经建立有关联盟组合管理的相关部门），与联盟组合多样性的资源属性对比发现（见表 6-7），不同组在联盟组合协调多样性方面存在显著的差异（$T = -3.456$，$p = 0.001$）：在创业企业联盟组合协调多样性中，低度的协调多样性、高度的协调多样性在统计学上不存在显著的差异；适度的协调多样性（$T = -2.434$，$p = 0.015$）在统计学上存在显著的差异。其中，没有建立组织协调机构的分组，其联盟组合协调多样性平均数要低于建立组织协调机构的分组。与联盟组合多样性的功能属性对比发现，不同组在联盟组合功能多样性方面存在显著的差异（$T = 2.614$，$p = 0.009$）：在创业企业联盟组合功能多样性中，低度的功能多样性、适度的功能多样性、高度的功能多样性在统计学上不存在显著的差异。其中，没有建立组织协调机构的分组，其联盟组合功能多样性平均数要低于建立组织协调机构的分组。

第二，从动态视角看，为什么不同创业企业通过战略柔性的协调柔性程度来管理联盟组合存在差异？在 1516 家创业企业中，仅有 311 家创业企业在战略柔性上选择适度协调柔性，而 473 家创业企业在战略柔性上则选择了高度协调柔性。与联盟组合多样性的资源属性对比发现，与适度协调柔性组创业企业相比，高度协调柔性组创业企业的联盟组合资源多样性存在显著的差异性（$T = -2.417$，$p = 0.016$）。同时，低度的联盟组合资源多样性、高度的联盟组合资源多样性在统计学上不存在显著的差异；而适度的联盟组合资源多样性（$T = -2.046$，$p = 0.041$）在统计学上存在显著的差异。其中，战略柔性中协调柔性较高程度的分组，其联盟组合资源多样性平均数要高于适度协调柔性的分组。与联盟组合多样性的功能属性对比发现，与适度协调柔性组创业企业相比，高度协调柔性组创业企业的联盟组合功能多样性不存在显著的差异性。同时，低度的联盟组合功能多样性、适度的联盟组合功能多样性、高度的联盟组合功能多样性在统计学上不存在显著的差异。其中，战略柔性中协调柔性较高度的分组，其联盟组合功能多样性平均数要高于适度协调柔性的分组。

表6-7　　　　　　　　联盟组合多样性与协调柔性维度关系

联盟组合多样性		是否柔性比较		柔性程度比较	
		无柔性机构	有柔性机构	适度柔性组	高度柔性组
联盟组合资源机制	资源多样性	0.460	0.529	0.466	0.524
	低度资源多样性	0.004	0.001	0.003	0.001
	适度资源多样性	0.539	0.562	0.539	0.564
	高度资源多样性	0.743	0.748	0.744	0.749
联盟组合功能机制	功能多样性	0.743	0.748	0.467	0.475
	低度功能多样性	0.464	0.483	0.005	0.006
	适度功能多样性	0.005	0.009	0.579	0.568
	高度功能多样性	0.580	0.571	0.762	0.768

综合以上分析，可以初步形成以下判断：（1）联盟组合资源机制和功能机制的多样性是推动战略柔性中协调柔性的重要力量。创业企业联盟组合的资源机制和功能机制在资源柔性上，则是需要相应的多样性，以此有机会获取外部的政策支持和资源，实现资源捕获和资源转化。（2）联盟组合资源机制和联盟组合功能机制都影响着创业企业是否选择建构协调机构，例如，设立联盟理事会、专家委员会和秘书处来管理联盟组合，并实现资源配置和价值创造过程，这需要具有大量的资源以及相应的企业政策资源的支持。（3）创业企业联盟组合资源机制和功能机制并不是越多样性越好。联盟组合中资源多样性和功能多样性，意味着创业企业需要投入更多的精力在联盟组合运营上，这会相应增加企业的管理成本和协调成本，影响创业企业的战略柔性构建。

6.2.2 创业企业联盟组合多样性与战略柔性路径分析

为了进一步验证创业企业联盟组合多样性与战略柔性的关系，本书对创业企业联盟组合高管任职多样性与战略柔性（资源柔性、协调柔性、资源柔性×协调柔性）的关系进行了回归分析。由表 6-8 可以看出，在创业企业中，联盟组合资源多样性一次项与资源柔性×协调柔性之间的关系不显著；联盟组合资源多样性一次项与资源柔性（回归系数 0.127，$p < 0.05$）、协调柔性（回归系数 0.010，$p < 0.01$）、资源柔性×协调柔性（回归系数 0.013，$p < 0.05$）之间存在显著的正向关系。同时，在创业企业中，联盟组合资源多样性二次项与资源柔性（回归系数 -0.212，$p < 0.01$）之间存在显著负向影响。因此，本书可以进一步推断，创业企业联盟组合资源多样性与资源柔性之间存在"先减后增"的倒 U 型关系；创业企业联盟组合资源多样性有助于协调柔性的建立；创业企业联盟组合资源多样性有助于协调柔性—资源柔性的构建。

表 6-8　　创业企业联盟组合资源多样性与战略柔性的回归分析

变量	资源柔性	协调柔性	资源柔性×协调柔性
常数项	0.237 *** (0.012)	0.029 *** (0.007)	0.010 *** (0.003)
资源多样性	0.127 * (0.068)	0.010 ** (0.042)	0.013 * (0.023)
资源多样性^2	-0.212 ** (0.086)	0.046 (0.056)	-0.011 (0.003)
R^2	0.011	0.009	0.002
调整的 R^2	0.009	0.007	0.001

注：*** 为 $p < 0.001$，** 为 $p < 0.01$，* 为 $p < 0.05$，括号中数值为标准误。

本书对创业企业联盟组合功能多样性与战略柔性（资源柔性、协调柔性、资源柔性×协调柔性）的关系进行了回归分析。由表6-9可以看出，在创业企业中，联盟组合功能多样性一次项与协调柔性、资源柔性×协调柔性之间的关系不显著；联盟组合功能多样性一次项与资源柔性（回归系数0.230，$p < 0.01$）之间存在显著的正向关系。同时，在创业企业中，联盟组合功能多样性二次项与资源柔性（回归系数 -0.285，$p < 0.01$）之间存在显著负向影响；联盟组合功能多样性二次项与协调柔性（回归系数 -0.056，$p < 0.05$）之间存在显著负向影响。因此，本书可以进一步推断，创业企业联盟组合功能多样性与资源柔性之间存在"先减后增"的倒U型关系；创业企业联盟组合功能多样性与协调柔性之间存在"先减后增"的倒U型关系。

表6-9　　　创业企业联盟组合功能多样性与战略柔性的回归分析

变量	资源柔性	协调柔性	资源柔性×协调柔性
常数项	0.208 *** (0.012)	0.039 *** (0.007)	0.012 *** (0.003)
功能多样性	0.230 ** (0.069)	0.045 (0.057)	0.016 (0.018)
功能多样性^2	-0.285 ** (0.088)	-0.056 * (0.043)	-0.022 (0.023)
R^2	0.014	0.001	0.001
调整的 R^2	0.011	0.001	0.001

注：*** 为 $p < 0.001$，** 为 $p < 0.01$，* 为 $p < 0.05$，括号中数值为标准误。

综合以上分析，可以初步形成的判断是：对于创业企业而言，分析联盟组合资源属性和功能属性的差异程度，可知：（1）在联盟组合中资源属性的多样性，有助于在联盟组合中构建相应的协调柔性，以及兼顾资源柔性和协调柔性的组织模式。而联盟组合资源多样性，可能在一定程度上来说有助于资源柔性的建立，但是超过一定阈值，可能不利于资源柔性的建立。（2）在联盟组合中功能属性的多样性，可能在一定程度上来说有助于资源和协调机构的建立，但是超过一定阈值，可能不利于资源和协调机构的建立。这可能的原因是：对于创业企业而言，从静态视角分析联盟组合多样性资源属性、功能属性两方面机制指标的差异程度，可知联盟组合多样性潜在的联盟组合成员可能来自不同行业、不同地理区域、具有不同身份背景或关注不同的知识/资源领域。一方面，创业企业联盟组合资源机制越多样，资源池构成也就越多元，其输出的信息和资源越丰富，创业企业越有可能采取构建相应的协调机构来对联盟组合进行管理；另一方面，创业企业联盟组合资源机制的多样性，其输出的信息和资源越丰富，创业企业越可能采取更加大胆、充分放权的协调机构。但是，也需要关注到这些差异构成联盟组合多样性，虽然联盟组合多样性为新创组织带来了新颖的知识、资源和信息，缓解了新生弱势和资源弱势，但也可能导致联盟组合节点的协调和统一难题。同时，由于外部环境的多样性和复杂性，使创业企业联盟组合自适应性和自组织性较弱，联盟组合节点成员间存在利益、兴趣的冲突和竞争，因此联盟组合难以自发形成，各派系之间的合作往往需要外力推动。

6.3　创业企业联盟组合重构对战略柔性的影响

近年来，企业在联盟组合中如何平衡资源—伙伴间关系成为研究的热点。企业构建或进入联盟组合，其目的是：一方面，企业希望从联盟组合中发现新的机会，建立新的能力，并适应环境的变化；另一方面，企业则希望利用现有能力，并在跨组织边界过程中加入已有能力基础时，实现联盟组合关系、惯例、规范等更细。但是，已有的学者认为，在跨组织之间，资源—伙伴之争也反映了企业所需要的组织间思维和管理方式存在本质上的区别，在特定组织间存在这两种活动的"悖论"。故此，企业在进行跨组织活动时，联盟组合中新旧资源抑或新旧伙伴重构活动既可以并存也可以相互补充，而这既可以挖掘潜在资源或现有资源的灵活性，又可以使联盟组合的运作系统柔性化（联盟惯例、联盟规范等）来应对外部不确定性环境的冲击。简而言之，联盟组合重构是知识重构过程，其过程是实现技术、能力、资源等信息流在联盟组合中的动态融合过程，进而推动合作创新绩效的提升。阿斯加里等（Asgari et al., 2017）认为，联盟组合内部也存在彼此竞争与合作的关系，当自我中心型企业形成后，联盟组合重构便处于核心企业的主导之下，核心企业通过合理地运用关系和资源治理手段，可以有效协调网络成员行为：一方面，通过联盟组合的资源柔性构建，提升联盟组合内资源传递与共享意愿，从而实现联盟组合结构的优化以及稳定性；另一方面，通过对联盟组合内成员行为的约束与规范，提升联盟组合的运行效率，提高联盟组合成员间的信任与依赖，降低联盟组合成员的机会主义行为，从而提升联盟组合的创新绩效水平。那么，创业板上市的创业企业联盟组合重构在战略柔性表现上是否存在差异？创业企业联盟组合重构对战略柔性有何影响？

6.3.1 基于不同维度联盟组合重构的战略柔性比较

资源柔性是企业针对外部竞争市场力量的变化，采用适时的方式来加以及时应对。一方面，联盟组合中资源重构可以有效提升企业识别资源缺口的能力，并帮助企业加强现有资源捕获和整合的能力，从而解决企业资源受限的问题。另一方面，联盟组合中伙伴重构有助于企业构建开放、柔性的联盟组合结构来促进跨界搜索，进而扩大企业资源搜索范围，提高企业获取能力。这部分主要关注创业企业联盟组合重构影响资源柔性维度可能性及其程度大小。

1. 创业企业联盟组合重构与资源柔性维度的关系

在分析思路上，采用比较研究思路，分析比较"资源柔性差（低度资源柔性）与资源柔性好（包括中度资源柔性和高度资源柔性）"以及"适度资源柔性（中度资源柔性）与高度资源柔性"在反映联盟组合中新资源—

新伙伴、旧伙伴—新资源、新伙伴—旧资源三个方面机制指标的差异程度，在差异比较中找寻共同规律。

第一，从静态视角看，联盟组合中伙伴—资源的变化，能否提高联盟组合资源柔性构建的意愿？本书基于资源柔性好与差进行分组，并与联盟组合中新资源—新伙伴的身份属性对比发现（见表6-10），不同组在联盟组合重构方面不存在显著的差异。具体而言，在新资源—新伙伴中，低度新资源—新伙伴（$T = -2.124$，$p = 0.034$）在资源柔性分组（好与差）上统计学存在显著的差异；而适度程度的新资源—新伙伴和高等程度的新资源—新伙伴在资源柔性分组（好与差）上统计学不存在显著的差异。其中，资源柔性差的分组，其联盟组合中新资源—新伙伴平均数为0.529，要低于资源柔性好的平均数0.610。与联盟组合中旧伙伴—新资源的身份属性对比发现，不同组在联盟组合中旧伙伴—新资源方面不存在显著的差异。具体而言，在旧伙伴—新资源中，低度旧伙伴—新资源、适度旧伙伴—新资源、高度的旧伙伴—新资源在资源柔性分组（好与差）上统计学不存在显著的差异。其中，资源柔性差的分组，其联盟组合中旧伙伴—新资源平均数为0.047，要约低于资源柔性好的平均数0.048。与联盟组合中新伙伴—旧资源的身份属性对比发现，不同组在联盟组合中新伙伴—旧资源方面存在显著的差异（$T = 1.765$，$p = 0.078$）。具体而言，在新伙伴—旧资源中，低度新伙伴—旧资源（$T = -1.596$，$p = 0.085$）、适度新伙伴—旧资源（$T = 2.952$，$p = 0.035$）在资源柔性分组（好与差）上统计学存在显著的差异；而高度的新伙伴—旧资源在资源柔性分组（好与差）上统计学不存在显著的差异。其中，资源柔性差的分组，其联盟组合中新伙伴—旧资源平均数为1.349，要高于资源柔性好的平均数1.104。

第二，从动态视角看，联盟组合中伙伴—资源的变化，为什么引起联盟组合资源柔性的差异化？本书基于资源柔性适度与高度进行分组，并与联盟组合中新资源—新伙伴的身份属性对比发现（见表6-10），不同组在联盟组合重构方面存在显著的差异（$T = 2.565$，$p = 0.010$）。具体而言，在新资源—新伙伴中，低度新资源—新伙伴（$T = -2.708$，$p = 0.001$）在资源柔性分组（适度与高度）上统计学存在显著的差异；而适度新资源—新伙伴和高度新资源—新伙伴在资源柔性分组（适度与高度）上统计学不存在显著的差异。其中，适度资源柔性的分组，其联盟组合中新资源—新伙伴平均数为 0.642，要高于高度资源柔性的平均数 0.532。与联盟组合中旧伙伴—新资源的身份属性对比发现，不同组在联盟组合中旧伙伴—新资源方面不存在显著的差异。具体而言，在旧伙伴—新资源中，低度旧伙伴—新资源、适度旧伙伴—新资源、高度旧伙伴—新资源在资源柔性分组（适度与高度）上统计学不存在显著的差异。其中，适度资源柔性的分组，其联盟组合中旧伙伴—新资源平均数为 0.045，要约低于高度资源柔性的平均数 0.049。与联盟组合中新伙伴—旧资源的身份属性对比发现，不同组在联盟组合中新伙伴—旧资源方面存在显著的差异（$T = 4.682$，$p = 0.000$）。具体而言，在新伙伴—旧资源中，低度新伙伴—旧资源（$T = 1.832$，$p = 0.067$）、适度新伙伴—旧资源（$T = -3.297$，$p = 0.001$）在资源柔性分组（适度与高度）上统计学存在显著的差异；而高度新伙伴—旧资源在资源柔性分组（好与差）上统计学不存在显著的差异。其中，适度资源柔性的分组，其联盟组合中新伙伴—旧资源平均数为 1.251，要高于高度资源柔性的平均数 0.752。

表 6 – 10　　　　　　　联盟组合重构与资源柔性维度关系

联盟组合重构	是否柔性比较		柔性程度比较	
	柔性差	柔性好	适度柔性组	高度柔性组
新资源—新伙伴	0.529	0.610	0.642	0.532
低度新资源—新伙伴	0.032	0.059	0.051	0.079
适度新资源—新伙伴	0.853	0.879	0.885	0.861
高度新资源—新伙伴	1.921	2.074	2.075	2.161
旧伙伴—新资源	0.047	0.048	0.045	0.049
低度旧伙伴—新资源	0.005	0.005	0.006	0.008
适度旧伙伴—新资源	0.189	0.195	0.193	0.201

联盟组合重构	是否柔性比较		柔性程度比较	
	柔性差	柔性好	适度柔性组	高度柔性组
高度旧伙伴—新资源	0.917	0.714	0.670	0.831
新伙伴—旧资源	1.349	1.104	1.251	0.752
低度新伙伴—旧资源	0.118	0.135	0.147	0.113
适度新伙伴—旧资源	1.368	1.316	1.275	1.426
高度新伙伴—旧资源	4.523	4.907	5.012	4.179

2. 创业企业联盟组合重构与协调柔性维度的关系

结合动态能力理论，联盟组合重构程度可以影响创业企业的战略决策。联盟组合重构是通过伙伴—资源的更新，来为联盟组合提供持续竞争优势的创新资源和柔性架构，进而适应动态竞争的外部环境。在这种情况下，联盟组合特有的协调柔性则能够以信息、知识、资源的柔性配置为基础，充当联盟组合的竞争优势来源的"中介"。创业企业重构联盟组合所带来的赋能效应，可以减弱资源或信息捕获的决策风险，提升协调资源或信息的决策灵活性，并据此探索新的业务渠道，利用更新的价值网络空间来获取关键性知识，以建立柔性的组织架构，实现"要素—价值链"的深度链接。因此，这部分主要关注创业企业联盟组合重构如何影响协调柔性可能性及其程度大小。在分析思路上，采用比较研究思路，分别比较"协调柔性中没有建立协调柔性（没有建立有关联盟组合管理的相关部门）与已经建立协调柔性（已经建立有关联盟组合管理的相关部门）"以及"协调柔性中适度柔性与高度柔性"在反映创业企业联盟组合重构中新资源—新伙伴、旧伙伴—新资源、新伙伴—旧资源三方面机制指标的差异程度，在差异比较中找寻共性规律。

第一，从静态视角看，为什么在行业内大多数创业企业仍旧不尝试建立新的联盟组合协调机制，以适应联盟组合重构所带来的复杂性？基于协调柔性中没有建立协调柔性（没有建立有关联盟组合管理的相关部门）与已经建立协调柔性（已经建立有关联盟组合管理的相关部门）进行分组，并与联盟组合中新资源—新伙伴的身份属性对比发现（见表6－11），不同组在联盟组合重构方面不存在显著的差异。具体而言，在新资源—新伙伴中，低度的新资源—新伙伴（$T = -1.842$，$p = 0.066$）在协调柔性分组（无机构与有机构）上统计学存在显著的差异。具体而言，而适度新资源—新伙伴和高度新资源—新伙伴在协调柔性分组（无机构与有机构）上统计学不存在显著的差异。其中，有协调机构的分组，其联盟组合中新伙伴—旧资源平均数为0.598，要低于没有协调机构分组的平均数0.606。与联盟组合中旧伙伴—新资源的身份属性对比发现，不同组在联盟组合中旧伙伴—新资源方面不存在显著的差异。具体而言，在旧伙伴—新资源中，低度旧伙伴—新资源、适度旧伙伴—新资源、高度的旧伙伴—新资源在协调柔性分组（无机构与有机构）上统计学不存在显著的差异。其中，有协调机构的分组，其联盟组合中新伙伴—旧资源平均数为0.050，要高于没有协调机构分组的平均数0.036。与联盟组合中新伙伴—旧资源的身份属性对比发现，不同组在联盟组合中新伙伴—旧资源方面不存在显著的差异。具体而言，在新伙伴—旧资源中，低度的新伙伴—旧资源（$T = -1.903$，$p = 0.057$）在协调柔性分组（无机构与有机构）上统计学存在显著的差异；而适度程度的新伙伴—旧资源、高等程度的新伙伴—旧资源在协调柔性分组（无机构与有机构）上统计学不存在显著的差异。其中，有协调机构的分组，其联盟组合中新伙伴—旧资源平均数为1.306，要高于没有协调机构分组的平均数为1.371。

第二，从动态视角看，联盟组合中伙伴—资源的变化，为什么引起联盟组合协调柔性的差异化？本书基于协调柔性适度与高度进行分组，并与联盟组合中新资源—新伙伴的身份属性对比发现（见表6－11），不同组在联盟组合重构方面不存在显著的差异。具体而言，在新资源—新伙伴中，低度新资源—新伙伴（$T = 4.394$，$p = 0.000$）、适度新资源—新伙伴（$T = -3.620$，$p = 0.000$）在协调柔性分组（适度与高度）上统计学存在显著的差异；而高度新资源—新伙伴在协调柔性分组（适度与高度）上统计学不存在显著的差异。其中，适度协调柔性的分组，其联盟组合中新资源—新伙伴平均数为 0.638，要高于高度协调柔性的平均数 0.571。与联盟组合中旧伙伴—新资源的身份属性对比发现，不同组在联盟组合中旧伙伴—新资源方面不存在显著的差异。具体而言，在旧伙伴—新资源中，低度新伙伴—旧资源（$T=1.933$，$p=0.078$）、适度旧伙伴—新资源（$T=-4.231$，$p=0.043$）在协调柔性分组（适度与高度）上统计学存在显著的差异；而高度的旧伙伴—新资源在协调柔性分组（好与差）上统计学不存在显著的差异。其中，适度协调柔性的分组，其联盟组合中旧伙伴—新资源平均数为 0.011，要高于高度协调柔性的平均数 0.063。与联盟组合中新伙伴—旧资源的身份属性对比发现，不同组在联盟组合中新伙伴—旧资源方面不存在显著的差异。具体而言，在新伙伴—旧资源中，低度新伙伴—旧资源（$T=4.017$，$p=0.000$）在协调柔性分组（适度与高度）上统计学存在显著的差异；而适度新伙伴—旧资源、高度新伙伴—旧资源在协调柔性分组（适度与高度）上统计学不存在显著的差异。其中，适度协调柔性的分组，其联盟组合中新伙伴—旧资源平均数为 1.229，要低于高度协调柔性的平均数 1.260。

表 6 – 11　　　　　　　　联盟组合重构与协调柔性维度关系

联盟组合重构	是否柔性比较		柔性程度比较	
	无柔性机构	有柔性机构	适度柔性组	高度柔性组
新资源—新伙伴	0.598	0.606	0.638	0.571
低度新资源—新伙伴	0.052	0.071	0.113	0.031
适度新资源—新伙伴	0.883	0.859	0.808	0.919
高度新资源—新伙伴	2.077	2.066	2.068	2.063
旧伙伴—新资源	0.050	0.036	0.011	0.063
低度旧伙伴—新资源	0.002	0.002	0.003	0.003
适度旧伙伴—新资源	0.192	0.200	0.165	0.181

联盟组合重构	是否柔性比较		柔性程度比较	
	无柔性机构	有柔性机构	适度柔性组	高度柔性组
高度旧伙伴—新资源	0.786	0.579	0.453	0.618
新伙伴—旧资源	1.112	1.196	1.229	1.260
低度新伙伴—旧资源	0.124	0.161	0.234	0.091
适度新伙伴—旧资源	1.306	1.371	1.361	1.382
高度新伙伴—旧资源	4.906	4.689	4.225	5.279

综合以上分析，可以初步形成的判断是，联盟组合中新资源—新伙伴、旧伙伴—新资源、新伙伴—旧资源三种身份属性是推动战略柔性的重要力量。总体而言，（1）在新资源—新伙伴和旧伙伴—新资源上，构建资源柔性的联盟组合要多于没有构建的组合；在新伙伴—旧资源上，没有构建资源柔性的联盟组合要多于构建资源柔性的组合。而随着资源柔性程度的增加，新伙伴—新资源呈现先增后减的趋势；旧伙伴—新资源呈现先减后增的趋势；新伙伴—旧资源则呈现递减的趋势。（2）在新资源—新伙伴和新伙伴—旧资源上，构建协调柔性的联盟组合要多于没有构建的组合；在旧伙伴—新资源上，没有构建协调柔性的联盟组合要多于构建协调柔性的组合。而随着协调柔性程度的增加，新伙伴—新资源呈现先增后减的趋势；旧伙伴—新资源呈现先减后增的趋势；新伙伴—旧资源则呈现递增的趋势。这可能是因为，联盟组合重构，影响了资源用途可选择范围和关系转换的时间成本：一方面，高资源柔性的联盟组合能够打破组织惯性的约束，增加联盟组合灵活性并打破组织业务边界，并改变资源的形态、性质和结构；另一方面，联盟组合重构可能会增加资源转换成本，降低资源转换效率。

6.3.2 创业企业联盟组合重构与战略柔性路径分析

为了进一步验证创业企业联盟组合重构（新资源—新伙伴、旧伙伴—

新资源、新伙伴—旧资源）与战略柔性的关系，本书对创业企业联盟组合重构与战略柔性（资源柔性、协调柔性、资源柔性×协调柔性）的关系进行了回归分析。

本书对创业企业联盟组合中新资源—新伙伴与战略柔性（资源柔性、协调柔性、资源柔性×协调柔性）的关系进行了回归分析。由表 6－12 可以看出，在创业企业中，联盟组合中新资源—新伙伴一次项与资源柔性（回归系数 0.019，$p < 0.05$）之间存在显著的正向关系；联盟组合中新资源—新伙伴一次项与协调柔性（回归系数 0.011，$p < 0.05$）之间存在显著的正向关系；而联盟组合中新资源—新伙伴一次项与资源柔性×协调柔性（回归系数 0.008，$p < 0.05$）之间存在显著的正向关系。同时，在创业企业中，联盟组合中新资源—新伙伴二次项与资源柔性、资源柔性×协调柔性之间不存在显著关系。但是，联盟组合中新资源—新伙伴二次项与协调柔性（回归系数 －0.005，$p < 0.05$）之间存在显著负向影响。因此，本书可以进一步推断，创业企业联盟组合中新资源—新伙伴分别与协调柔性、资源柔性×协调柔性存在递增的关系；创业企业联盟组合中新资源—新伙伴与协调柔性之间存在"先增后减"的倒 U 型关系。

表 6－12　创业企业联盟组合中新伙伴—新资源与战略柔性的回归分析

变量	资源柔性	协调柔性	资源柔性×协调柔性
常数项	0.241 *** (0.011)	0.043 *** (0.004)	0.013 *** (0.004)
新资源—新伙伴	0.019 * (0.011)	0.011 * (0.005)	0.008 * (0.004)
新资源—新伙伴^2	0.003 (0.004)	－ 0.005 * (0.003)	－ 0.002 (0.001)
R^2	0.156	0.168	0.102
调整的 R^2	0.149	0.167	0.101

注：*** 为 $p < 0.001$，** 为 $p < 0.01$，* 为 $p < 0.05$；括号中数值为标准误。

本书对创业企业联盟组合中旧伙伴—新资源与战略柔性（资源柔性、协调柔性、资源柔性×协调柔性）的关系进行了回归分析。由表 6 - 13 可以看出，在创业企业中，联盟组合中旧伙伴—新资源一次项与资源柔性（回归系数 0.151，$p < 0.001$）之间存在显著的正向关系；联盟组合中旧伙伴—新资源一次项与资源柔性×协调柔性（回归系数 0.011，$p < 0.05$）之间存在显著的正向关系；联盟组合中旧伙伴—新资源一次项分别与协调柔性之间的关系不显著。同时，在创业企业中，联盟组合中旧伙伴—新资源二次项与资源柔性、资源柔性×协调柔性之间不存在显著关系。但是，联盟组合中旧伙伴—新资源二次项与协调柔性（回归系数 - 0.029，$p < 0.05$）之间存在显著负向影响。因此，本书可以进一步推断，创业企业联盟组合中旧伙伴—新资源分别与资源柔性、资源柔性×协调柔性之间存在递增的趋势；创业企业联盟组合中旧伙伴—新资源与协调柔性之间存在"先减后增"的 U 型关系。

表 6 - 13　　创业企业联盟组合中旧伙伴—新资源与战略柔性的回归分析

变量	资源柔性	协调柔性	资源柔性×协调柔性
常数项	0.237 *** (0.004)	0.044 *** (0.003)	0.013 *** (0.001)
旧伙伴—新资源	0.151 *** (0.042)	0.038 (0.031)	0.011 * (0.005)
旧伙伴—新资源^2	0.146 *** (0.033)	- 0.029 * (0.024)	- 0.009 (0.012)
R^2	0.114	0.104	0.097
调整的 R^2	0.113	0.101	0.094

注：*** 为 $p < 0.001$，** 为 $p < 0.01$，* 为 $p < 0.05$，括号中数值为标准误。

本书对创业企业联盟组合中新伙伴—旧资源与战略柔性（资源柔性、

协调柔性、资源柔性×协调柔性)的关系进行了回归分析。由表6-14可以看出,在创业企业中,联盟组合中新伙伴—旧资源一次项与资源柔性(回归系数-0.021,$p<0.001$)之间存在显著的负向关系;联盟组合中新伙伴—旧资源一次项分别与协调柔性、资源柔性×协调柔性之间的关系不显著。同时,在创业企业中,联盟组合中新伙伴—旧资源二次项与资源柔性×协调柔性之间不存在显著关系。但是,联盟组合中新伙伴—旧资源二次项与资源柔性(回归系数0.002,$p<0.05$)之间存在显著正向影响;联盟组合中新伙伴—旧资源二次项与协调柔性(回归系数-0.002,$p<0.05$)之间存在显著负向影响。因此,本书可以进一步推断,创业企业联盟组合中新伙伴—旧资源与资源柔性之间存在"先减后增"的U型关系;创业企业联盟组合中新伙伴—旧资源与协调柔性之间存在"先增后减"的倒U型关系。

表6-14 创业企业联盟组合中新伙伴—旧资源与战略柔性的回归分析

变量	资源柔性	协调柔性	资源柔性×协调柔性
常数项	0.257 *** (0.005)	0.043 *** (0.003)	0.014 *** (0.002)
新伙伴—旧资源	-0.021 *** (0.004)	0.001 (0.003)	-0.001 (0.001)
新伙伴—旧资源^2	0.002 * (0.001)	-0.002 * (0.001)	-0.001 (0.001)
R^2	0.133	0.101	0.091
调整的 R^2	0.132	0.099	0.089

注:*** 为 $p<0.001$,** 为 $p<0.01$,* 为 $p<0.05$,括号中数值为标准误。

综合以上分析,可以初步形成的判断是:对于创业企业而言,分析联盟组合身份属性新伙伴—新资源、旧伙伴—新资源、新伙伴—旧资源三方面机制指标的差异程度，可知：（1）在联盟组合中新伙伴—新资源的更新，有助于在联盟组合中构建相应的资源柔性，以及兼顾资源柔性和协调柔性的组织模式。而联盟组合中新资源—新伙伴，可能在一定程度上来说有助于协调机构的建立，但是超过一定阈值，可能不利于协调机构的建立。（2）在联盟组合中旧伙伴—新资源的更新，有助于在联盟组合中构建兼顾资源柔性和协调柔性的组织模式。而创业企业联盟组合中旧伙伴—新资源，可能在过多的旧伙伴—新资源或者较少的旧伙伴—新资源上有助于资源柔性的建立，而当处于中间程度的旧伙伴—新资源，可能由于精力有限，不知道如何分配资源，而不利于资源柔性的建立。（3）在联盟组合中新伙伴—旧资源的更新，可能在过多的新伙伴—旧资源或者较少的新伙伴—旧资源上有助于资源柔性的建立，而当处于中间程度的新伙伴—旧资源，可能由于精力有限，不知道如何分配资源，而不利于资源柔性的建立。与此相反，联盟组合中新伙伴—旧资源，可能在一定程度上来说有助于协调机构的建立，但是超过一定阈值，可能不利于协调机构的建立。这是因为：联盟组合重构过程中存在着能力破坏机理以及能力增强机理两种机制。当环境动态性剧烈变化时，现有的外部环境使得技术创新前瞻性变得不确定性和高度风险性，如此无序的环境下降低了联盟组合的竞争地位以及削弱了当前联盟组合能力价值创造的潜力，进而迫使焦点企业对联盟组合单元、能力、资源等进行重组（删减或增加联盟单元；战略、决策、信息、资源或知识的内部重组）来重获新的创新资源或减少联盟管理成本。另外，焦点企业通过对联盟组合重构，从新的联盟成员中感知到外部环境中新的机会，进而使得联盟组合自外而内地引发联盟组合能力产生主动有意识地变异，确定了联盟组合能力重构的方向，进而获取联盟组合中战略决策、管理、身份等的合法性地位。在此基础上，联盟组合能力通过有意识的变异，跟随关系柔性调整或资源柔性整合进行联盟内部的重组，并在联盟合法性保证的前提下，促进联盟组合中新的技术知识、资源得以获取、重新组合以及创造。

6.4 战略柔性对企业业绩的影响

战略柔性是企业以积极态度应对市场机会或威胁，通过战略决策的调整和柔性资源的重组，克服路径依赖并顺利实现企业目标的动态能力。战略柔性两个维度（资源柔性和协调柔性）恰恰体现了企业相应的创新资源和能力特征，从而更好地保证企业获取绩效活动。一方面，资源柔性是指对现有资源的灵活配置、闲置资源的重新利用以及潜在资源的重塑与创造；协调柔性则反映了企业识别、配置和部署现有资源的能力。对于不确定性非常高的创新绩效获取，资源柔性是企业适应外部动态变化的缓冲器。资源柔性水平越高，各种创新资源之间的兼容性就会越强，企业越易于应对随时可能出现的不确定性因素。另一方面，协调柔性有助于企业调整资源和优化配置来应对创新绩效活动中的变化，实现各种资源的最佳组合方式。战略柔性较高的企业能够对其生产或提供的产品进行短期迅速调整，缩短应对创新绩效过程中不确定性的反应时间，更容易及时调整现有资源的用途或组织新的资源投入企业绩效活动中。在此情形下，使得既有资源最大限度地发挥作用，增强企业对创新绩效活动变化的适应能力。

6.4.1 战略柔性中资源柔性维度对经营和创新绩效的影响

本节主要考虑资源柔性维度对经营和创新绩效的影响。根据资源柔性维度的平均数和标准差关系，分为低、中、高 3 个组别。

首先，创业企业资源柔性维度与企业当年年底的总资产（相关系数 -0.206，$p=0.000$）、营业收入（相关系数 -0.265，$p=0.000$）之间表现出显著的负相关关系；而创业企业资源柔性维度与企业当年年底的研发投入（相关系数 0.262，$p=0.000$）之间表现出显著的正相关关系。这一结果表明，创业企业资源柔性程度越高，创业企业的研发投入也表现得更好；

但创业企业资源柔性程度越高，创业企业的总资产收入、营业收入表现较差。

同时，基于创业企业资源柔性程度的分组，创业企业当年年底在总资产收入（$F = 120.31$，$p = 000$）、营业收入（$F = 126.49$，$p = 000$）以及研发投入（$F = 9.73$，$p = 000$）上表现出显著性的差异。由表 6 – 15 可以看出，创业企业资源柔性对企业的总资产收入、营业收入呈现出递减的趋势；创业企业资源柔性对企业的研发投入呈现出递增的趋势。其中，在资源柔性的分组中，低度资源柔性的创业企业总资产收入的平均数为 63.6 亿元，要高于中度资源柔性的创业企业总资产收入的平均数 36.6 亿元，以及高度资源柔性的创业企业总资产收入的平均数 27.4 亿元。低度资源柔性的创业企业的营业收入的平均数为 44.3 亿元，要高于中度资源柔性的创业企业营业收入的平均数 14.5 亿元，以及高度资源柔性的创业企业营业收入的平均数 8.3 亿元。低度资源柔性的创业企业的研发投入的平均数为 0.6 亿元，要低于中度资源柔性的创业企业研发投入的平均数 1.6 亿元，以及高度资源柔性的创业企业研发投入的平均数 3.2 亿元。

表 6 – 15　　　　　　　创业企业资源柔性与企业业绩差异　　　　　　　单位：亿元

业绩指标		低度资源柔性	中度资源柔性	高度资源柔性
总资产收入	平均数	63.6	36.6	27.4
	标准差	5.77	3.63	3.84
营业收入	平均数	44.3	14.5	8.3
	标准差	7.18	1.99	0.83
研发投入	平均数	0.6	1.6	3.2
	标准差	0.11	0.33	5.26

其次，本书进一步探究战略性新兴产业和非战略性新兴产业中资源柔性与创业企业业绩的差异。在战略性新兴产业中，创业企业资源柔性与企业当年年底的总资产（相关系数 – 0.205，$p = 0.000$）、营业收入（相关系

数 −0.268，$p = 0.000$）表现出显著的负相关关系，创业企业资源柔性与企业当年年底的研发投入（相关系数0.247，$p = 0.000$）表现出显著的正相关关系。而在非战略性新兴产业中，创业企业资源柔性与企业当年年底的总资产（相关系数 −0.167，$p = 0.039$）、营业收入（相关系数 −0.289，$p = 0.000$）表现出显著的负相关关系，创业企业资源柔性与企业当年年底的研发投入（相关系数0.211，$p = 0.009$）表现出显著的正相关关系。同时，在战略性新兴产业中，创业企业资源柔性与企业当年年底在总资产收入（$F = 97.70$，$p = 0.000$）、营业收入（$F = 127.80$，$p = 0.000$）和研发投入（$F = 6.38$，$p = 0.002$）上表现出显著性的差异。在战略性新兴产业中，随着资源柔性程度的增加，总资产、营业收入呈现递减趋势，而研发投入呈现递增趋势，如图6−3所示。在非战略性新兴产业中，创业企业资源柔性与企业当年年底在总资产收入（$F = 15.27$，$p = 0.000$）、营业收入（$F = 12.66$，$p = 0.000$）上表现出显著的差异；创业企业资源柔性与企业当年年底在研发投入在统计上没有显著的差异。在非战略性新兴产业中，随着资源柔性程度的增加，总资产呈现先减后增趋势，营业收入呈现递减趋势，研发投入呈现递增趋势，如图6−4所示。

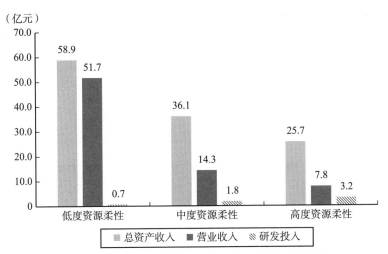

图6−3 战略性新兴产业中资源柔性分组中企业绩效差异

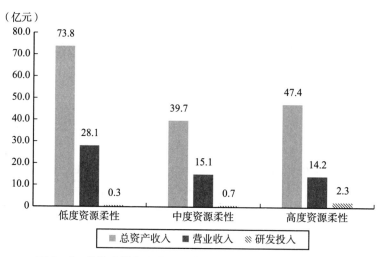

图 6-4 非战略性新兴产业中资源柔性分组中企业绩效差异

同时，本书进一步探究不同企业成立年限中资源柔性与创业企业业绩的差异。成立年限在 14 年以下中，创业企业资源柔性与企业当年年底的总资产（相关系数 -0.131，$p = 0.005$）、营业收入（相关系数 -0.258，$p = 0.000$）表现出显著的负相关关系，创业企业资源柔性与企业当年年底的研发投入（相关系数 0.234，$p = 0.000$）表现出显著的正相关关系。而成立年限在 14 年及以上中，创业企业资源柔性与企业当年年底的总资产（相关系数 -0.302，$p = 0.000$）、营业收入（相关系数 -0.290，$p = 0.000$）表现出显著的负相关关系，创业企业资源柔性与企业当年年底的研发投入（相关系数 0.296，$p = 0.000$）表现出显著的正相关关系。同时，成立年限在 14 年以下，创业企业资源柔性与企业当年年底在总资产收入（$F = 97.70$，$p = 0.000$）、营业收入（$F = 127.80$，$p = 0.000$）和研发投入（$F = 6.38$，$p = 0.002$）上表现出显著性的差异。成立年限在 14 年以下，随着资源柔性程度的增加，总资产、营业收入呈现递减趋势，而研发投入呈现递增趋势，如图 6-5 所示。成立年限在 14 年及以上，创业企业资源柔性与企业当年年底在总资产收入（$F = 5.09$，$p = 0.007$）、营业收入（$F = 18.64$，$p = 0.000$）、研发投入（$F = 10.71$，$p = 0.007$）上表现出显著的差异。成立年限在 14 年及以上，随着资源柔性程度的增加，总资产呈现和营业收入呈现递减趋势，而研发投入呈现递增趋势，如图 6 - 6 所示。

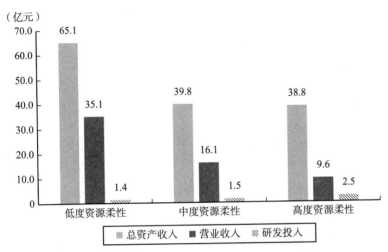

图 6 - 5　14 年以下中资源柔性分组中企业绩效差异

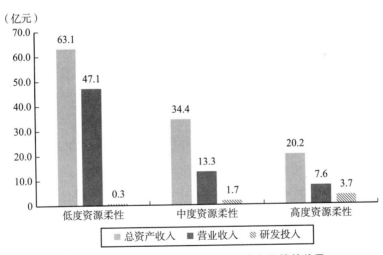

图 6 - 6　14 年及以上资源柔性分组中企业绩效差异

最后，本书进一步探究不同企业规模中资源柔性与创业企业业绩的差异。在企业规模 1000 人以下中，创业企业资源柔性与企业当年年底的总资产（相关系数 -0.266，p = 0.000）、营业收入（相关系数 -0.404，p = 0.000）表现出显著的负相关关系，创业企业资源柔性与企业当年年底的研发投入（相关系数 0.281，p = 0.000）表现出显著的正相关关系。而在企业规模 1000 人及以上中，创业企业资源柔性与企业当年年底的总资产（相关系数 -0.214，p = 0.000）、营业收入（相关系数 -0.308，p = 0.000）表现出显著的负相关关系，创业企业资源柔性与企业当年年底的研发投入（相关系数 0.239，p = 0.000）表现出显著的正相关关系。同时，在企业规模 1000 人以下中，创业企业资源柔性与企业当年年底在总资产收入（F = 103.68，p = 0.000）、营业收入（F = 179.80，p = 0.000）和研发投入（F = 5.40，p = 0.005）上表现出显著性的差异。在企业规模 1000 人以下中，随着资源柔性程度的增加，总资产、营业收入呈现递减趋势，而研发投入呈现递增趋势，如图 6-7 所示。在企业规模 1000 人及以上中，创业企业资源柔性与企业当年年底在总资产收入（F = 43.11，p = 0.000）、营业收入（F = 53.92，p = 0.000）、研发投入（F = 5.32，p = 0.005）上表现出显著的差异。在企业规模 1000 人及以上中，随着资源柔性程度的增加，总资产收入和营业收入呈现递减趋势，而研发投入呈现递增趋势，如图 6-8 所示。

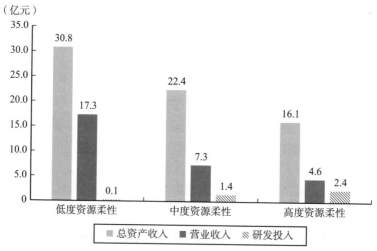

图 6-7　1000 人以下资源柔性分组中企业绩效差异

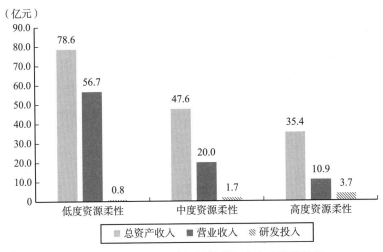

图 6-8　1000 人以上资源柔性分组中企业绩效差异

6.4.2　战略柔性中协调柔性维度对经营和创新绩效影响

本节主要考虑协调柔性维度对经营和创新绩效的影响。本书根据协调柔性维度的均值和标准差关系，分为低、中、高 3 个组别。

首先，创业企业协调柔性维度与企业当年年底的总资产（相关系数 0.102，$p = 0.000$）表现出显著的正相关关系；而创业企业协调柔性维度与企业当年年底的营业收入、研发投入之间并未表现出显著的相关关系。这一结果表明，创业企业协调柔性程度越高，创业企业的总资产收入也表现得更好。

同时，基于创业企业协调柔性程度的分组，创业企业当年年底在总资产收入（$F = 24.39$，$p = 000$）、营业收入（$F = 5.39$，$p = 005$）上表现出显著性的差异；创业企业当年年底在研发投入上并未表现出显著性的差异。从表 6-16 可以看出，创业企业协调柔性对企业的总资产收入、营业收入、研发投入呈现出先增后减的趋势。其中，在协调柔性的分组中，中度协调柔性的创业企业总资产收入的平均数为 69.5 亿元，要高于低度协调柔性的创业企业总资产收入的平均数 31.9 亿元，以及高于高度协调柔性的创业企业总资产收入的平均数 52.3 亿元。中度协调柔性的创业企业的营业收入的平均数为 27.7 亿元，要高于低度协调柔性的创业企业营业收入的平均数 15.4 亿元，以及高于高度协调柔性的创业企业营业收入的平均数 17.2 亿元。中度协调柔性的创业企业的研发投入的平均数为 2.6 亿元，要高于低度协调柔性的创业企业研发投入的平均数 1.9 亿元，以及高度协调柔性的创业企业研发投入的平均数 1.4 亿元。

表 6 – 16 　　　　　　　　创业企业协调柔性与企业业绩差异　　　　　　单位：亿元

业绩指标		低度资源柔性	中度资源柔性	高度资源柔性
总资产收入	平均数	31.9	69.5	52.3
	标准差	2.94	6.59	6.77
营业收入	平均数	15.4	27.7	17.2
	标准差	3.22	4.44	1.91
研发投入	平均数	1.9	2.6	1.4
	标准差	0.37	0.55	3.35

其次，本书进一步探究战略性新兴产业和非战略性新兴产业中协调柔性与创业企业业绩的差异。在战略性新兴产业中，创业企业协调柔性与企业当年年底的总资产、营业收入、研发投入并未表现出显著的相关关系。而在非战略性新兴产业中，创业企业协调柔性与企业当年年底的总资产（相关系数 0.343，$p = 0.000$）、营业收入（相关系数 0.419，$p = 0.000$）表现出显著的正相关关系；创业企业协调柔性与企业当年年底的研发投入（相关系数 -0.150，$p = 0.021$）表现出显著的负相关关系。同时，在战略性新兴产业中，创业企业协调柔性与企业当年年底在总资产收入（$F = 18.84$，$p = 0.000$）、营业收入（$F = 4.28$，$p = 0.014$）上表现出显著性的差异；创业企业协调柔性与企业当年年底在研发投入上并未表现出显著的差异性。在战略性新兴产业中，随着协调柔性程度的增加，总资产、营业收入、研发投入呈现先增后减趋势，如图 6 – 9 所示。在非战略性新兴产业中，

创业企业协调柔性与企业当年年底在总资产收入（$F = 9.64$，$p = 0.000$）、营业收入（$F = 20.58$，$p = 0.000$）、研发投入（$F = 3.22$，$p = 0.042$）上表现出显著的差异。在非战略性新兴产业中，随着协调柔性程度的增加，总资产、营业收入呈现递增趋势，而研发投入呈现递减趋势，如图 6 – 10 所示。

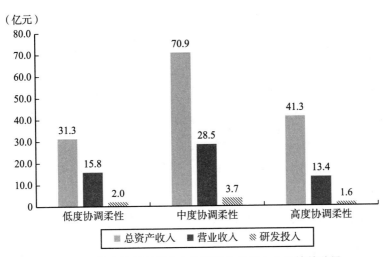

图 6 – 9　战略性新兴行业中协调柔性分组中企业绩效差异

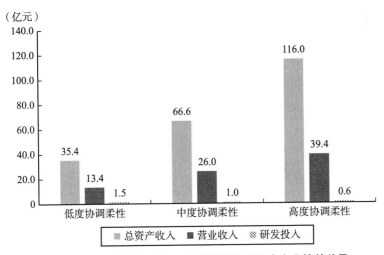

图 6 – 10　非战略性新兴行业中协调柔性分组中企业绩效差异

　　同时，本书进一步探究不同企业成立年限中协调柔性与创业企业业绩的差异。成立年限在 14 年以下中，创业企业协调柔性与企业当年年底的总资产、营业收入、研发投入并未表现出显著的相关关系。而成立年限在 14 年及以上中，创业企业协调柔性与企业当年年底的总资产（相关系数 0.113，$p = 0.000$）表现出显著的正相关关系；创业企业协调柔性与企业当年年底的研发投入（相关系数 -0.070，$p = 0.022$）表现出显著的负相关关系；创业企业协调柔性与企业当年年底的营业收入并未表现出显著的相关关系。同时，成立年限在 14 年以下中，创业企业协调柔性与企业当年年底在总资产收入（$F = 13.09$，$p = 0.000$）、营业收入（$F = 12.77$，$p = 0.000$）上表现出显著性的差异；创业企业协调柔性与企业当年年底在研发投入上并未表现出显著的差异性。成立年限在 14 年以下，随着协调柔性程度的增加，总资产、营业收入呈现先增后减趋势，研发投入呈现递增趋势，如图 6-11 所示。成立年限在 14 年及以上，随着协调柔性程度的增加，总资产收入呈现递增趋势，营业收入呈现先减后增趋势，研发投入呈现先增后减趋势，如图 6-12 所示。

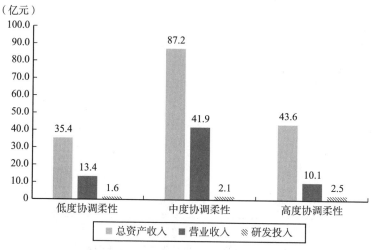

图 6-11　14 年以下协调柔性分组中企业绩效差异

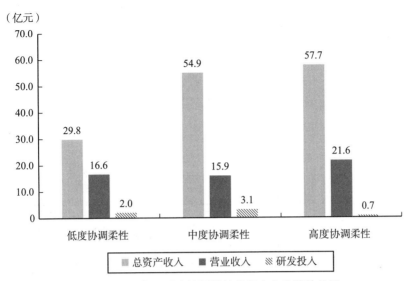

图 6 – 12 14 年及以上协调柔性分组中企业绩效差异

最后，本书进一步探究不同企业规模中协调柔性与创业企业业绩的差异。在企业规模 1000 人以下中，创业企业协调柔性与企业当年年底的总资产、营业收入、研发投入并未表现出显著的相关关系。而在企业规模 1000人及以上中，创业企业协调柔性与企业当年年底的总资产（相关系数 0.181，$p = 0.000$）表现出显著的正相关关系；创业企业协调柔性与企业当年年底的营业收入并未表现出显著的相关关系；创业企业协调柔性与企业当年年底的研发投入（相关系数 – 0.074，$p = 0.070$）表现出显著的负相关关系。在 1000 人以下中，随着协调柔性程度的增加，总资产呈现递增趋势，营业收入、研发投入呈现先减后增趋势，如图 6 – 13 所示。在企业规模 1000 人及以上中，创业企业协调柔性与企业当年年底在总资产收入（$F = 13.96$，$p = 0.000$）、研发投入（$F = 2.37$，$p = 0.094$）上表现出显著的差异；创业企业协调柔性与企业当年年底在营业收入上并未表现出显著的差异。在企业规模 1000 人及以上中，随着协调柔性程度的增加，总资产、营业收入、研发投入呈现先增后减趋势，如图 6 – 14 所示。

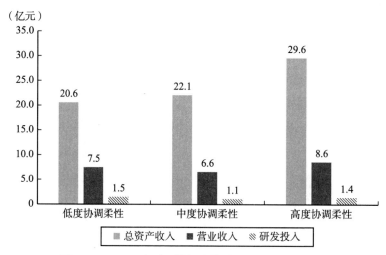

图 6 – 13　1000 人以下协调柔性分组中企业绩效差异

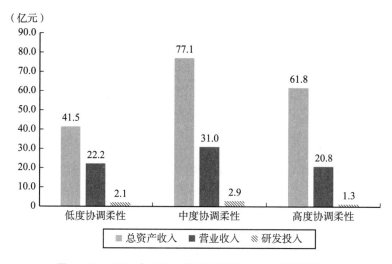

图 6 – 14　1000 人及以上协调柔性分组中企业绩效差异

6.4.3　战略柔性对企业经营和创新绩效的路径影响

为了进一步验证创业企业战略柔性与企业经营和创新绩效的路径关系：

第一，本书对创业企业创业资源柔性与企业经营和创新绩效的路径关系进行了回归分析。从表 6 – 17 可以看出，在创业企业中资源柔性一次项与总资产收入（回归系数 1.630，$p < 0.001$）、营业收入（回归系数 1.500，$p < 0.001$）、研发投入（回归系数 1.210，$p < 0.05$）之间表现出显著正向关系。同时，在创业企业中资源柔性二次项与总资产收入（回归系数 – 1.850，$p < 0.001$）、营业收入（回归系数 – 1.700，$p < 0.001$）之间存在显著负向影响；资源柔性二次项与研发投入之间并未存在显著影响。因此，本书可以进一步推断，创业企业资源柔性与总资产收入、营业收入之间存在"先增后减"的倒 U 型关系；创业企业资源柔性与研发投入之间存在正向影响。

表 6 – 17　　　　　　　　创业企业战略柔性与企业业绩的回归分析

变量	总资产收入	营业收入	研发投入
常数项	5.260 *** (0.342)	3.530 *** (0.244)	– 0.703 *** (0.104)
资源柔性	1.630 *** (0.247)	1.500 *** (0.264)	1.210 * (0.512)
资源柔性^2	– 1.850 *** (0.371)	– 1.700 *** (0.176)	– 0.728 (0.482)
R^2	0.071	0.115	0.071
调整的 R^2	0.069	0.113	0.069

注：*** 为 $p < 0.001$，** 为 $p < 0.01$，* 为 $p < 0.05$；括号中数值为标准误。

第二，本书对创业企业创业协调柔性与企业经营和创新绩效的路径关系进行了回归分析。从表 6 – 18 可以看出，在创业企业中协调柔性一次项与总资产收入（回归系数 0.609，$p < 0.001$）、营业收入（回归系数 0.159，$p < 0.05$）之间表现出显著正向关系；在创业企业中协调柔性一次项与研发投入之间并未表现出显著关系。同时，在创业企业中协调柔性二次项分别与总资产收入（回归系数 – 0.891，$p < 0.01$）、研发投入（回归系数 – 0.456，$p < 0.05$）之间存在显著负向影响；协调柔性二次项与营业收入之

间并未存在显著影响。因此，本书可以进一步推断，创业企业协调柔性与总资产收入之间存在"先增后减"的倒 U 型关系；创业企业协调柔性与营业收入之间存在正向关系；创业企业协调柔性与研发投入之间存在"先增后减"的倒 U 型关系。

表 6 – 18 创业企业协调柔性与企业业绩的回归分析

变量	总资产收入	营业收入	研发投入
常数项	1.930 *** (0.102)	0.894 *** (0.048)	0.145 *** (0.013)
协调柔性	0.609 *** (0.134)	0.159 * (0.072)	0.128 (0.178)
协调柔性^2	−0.891 ** (0.293)	−0.238 (0.202)	−0.456 * (0.192)
R^2	0.116	0.102	0.103
调整的 R^2	0.115	0.101	0.101

注：*** 为 $p < 0.001$，** 为 $p < 0.01$，* 为 $p < 0.05$；括号中数值为标准误。

基于以上分析，创业企业战略柔性对创业企业经营和创新绩效具有重要影响。可以形成的最终判断是：（1）在联盟组合中，创业企业资源柔性有助于增加创新绩效。而资源柔性可能在一定程度上来说有助于总资产收入和营业收入的增加，但是超过一定阈值，可能不利于总资产收入和营业收入的增加。（2）在联盟组合中，创业企业协调柔性有助于增加营业收入。而协调柔性可能在一定程度上来说有助于总资产收入和研发投入的增加，但是超过一定阈值，可能不利于总资产收入和研发投入的增加。可能的原因是：战略柔性的提高能减少企业的资源转移费用、提高资源利用和配置效率，从而增强了应对企业绩效活动中不确定性的能力。因此，充分利用战略柔性优势，通过主动积极地搜寻优质的、有价值的资源，获取国内外科技资源和市场资源，构建相应的协调机制和组织架构，以提高自身的资源柔性和协调柔性，是企业提升企业绩效的重要战略选择。由此可见，通过构建联盟组合，获取新颖的前沿技术知识，挖掘市场尚未满足的潜在需求信息，是提高企业资源柔性和协调柔性的重要途径。一方面，面对技术范式转变与新兴技术挑战，联盟组合中战略柔性的建立，有助于打破搜寻范围与自身知识储备对技术跃迁轨迹的束缚。改变了企业"非此地发明（not invented here）"或"非此地销售（not sold here）"的创新偏见，并通过融合不同行业的联盟成员来为技术创新获取新的机会。从而有效缓解不同区域、领域中知识交流停滞的困境，实现了联盟内外部环境的动态匹配。另一方面，创业企业战略柔性能力越强，从外界吸收的知识就越多，对外界环境变化的适应能力就越强，而企业根据环境的变化进行前瞻性的、合理的资源配置能力也增强，由此巩固和增强了企业绩效。与此同时，穆图萨米和怀特（Muthusamy & White，2005）的研究发现，搜索具有异质性资源的组织并与之结盟，是为了实现组织间知识转移、整合以及吸收；但是，知识能否成功地在组织间流动，将直接影响到企业的创新绩效。因此，创业企业在构建联盟组合时，应该培育和增强创业企业的战略柔性，确保创业企业所需的知识和资源能及时地并以相对较低的转换成本在联盟组合之间流动和转换，进而使创业企业具有灵活性和动态性。但是过高的协调柔性也会在一定程度上麻痹创业企业，使得创业企业错失应对危机的应变能力，从而无法使创业企业通过联盟组合来创造更多的价值。同时，由于区域文化、制度等方面的差异，这些资源往往具有难以有效的整合，无法与焦点企业自身组织能力相匹配，所能发挥的效用有限。另外，创业企业拥有过高的资源柔性也可能会陷入"资源陷阱"危机，因此，企业需要与外部环境保持联系，积极主动地与外部交流知识和资源。

第7章 主要研究结论与管理启示

本书利用1516家创业企业的编码数据，重点分析了创业板上市的创业企业业绩变动与表现差异、创业企业联盟组合多样性对创业企业经营与业绩的影响、创业企业联盟组合多样性、重构对创业企业战略柔性的影响以及创业企业战略柔性对创业企业经营与业绩的影响。基于数据分析结果，可以提炼出一些重要的结论、启示和建议。

7.1 网络视角下创业企业绩效受到多种因素约束

创业企业是指处于创业初期，尚未在市场中确立地位的企业。这些企业通常面临资金、技术、市场等多方面的挑战，寻求与其他企业的合作成为一种重要的战略选择。联盟组合作为一种重要的企业合作形式，为创业企业提供了资源共享、风险共担和优势互补的机会。然而，从联盟组合视角来看，创业企业的绩效受到多种因素的约束。一方面，联盟组合中"节点有谁"很重要，这决定了创业企业所能接触、收集、利用的外部知识和资源集的数量、质量，以及异质性；另一方面，创业企业自身的功能特征和资源属性也很重要，因为这决定了创业企业真正能够吸收外部知识源的有效性，以及内部知识源在与外部知识进行耦合过程中，保持地位的稳定性或灵活性。因此，本书将从网络视角出发，对创业企业绩效受到的约束因素进行深入探讨。

1. 合作伙伴选择

选择合适的合作伙伴是联盟组合成功的关键。然而，由于信息不对称和缺乏经验，创业企业在选择合作伙伴时可能难以作出准确的判断，合作伙伴选择不当，从而影响联盟组合的效果和绩效。合作伙伴的选择应考虑对方的战略目标、技术实力、资源互补性等因素，以确保合作能够实现资源共享、风险共担和优势互补。

2. 资源整合

联盟组合的目的之一是实现资源共享和优势互补。然而，创业企业可能缺乏有效的资源整合能力，无法充分利用合作伙伴的资源。这可能导致资源浪费和合作效果不佳，从而影响创业企业的绩效。资源整合包括人力资源、技术资源、市场资源等，创业企业需要具备高效的资源整合能力，以最大化利用合作伙伴的资源。

3. 利益分配

联盟组合中的企业需要共同分享合作带来的利益。然而，由于利益分配的不均衡，合作伙伴之间可能产生矛盾和冲突，从而影响联盟组合的稳定性和绩效。创业企业在合作初期应与合作伙伴协商制定合理的利益分配机制，以确保合作的持续性和稳定性。合理的利益分配机制应考虑合作伙伴的投入、风险、贡献等因素，以及合作目标的实现程度和未来发展潜力。

4. 沟通与协调

联盟组合中的企业之间需要建立良好的沟通和协调机制，以确保合作的顺利进行和目标的顺利实现。然而，创业企业的不确定性和风险性，以及其他企业可能存在的文化差异、信任不足等问题，沟通与协调可能存在障碍，这可能导致信息传递不及时、决策不准确等问题，从而影响创业企业的绩效。沟通与协调包括定期召开会议、建立沟通渠道、分享经验和知识等，以确保合作伙伴之间的信息对称和目标一致。

5. 风险管理

联盟组合中的合作存在一定的风险，如技术风险、市场风险、信任风险等。这些风险可能影响合作的稳定性和效果，从而对创业企业的绩效产生约束。创业企业需要建立完善的风险管理体系，包括风险识别、评估、控制等，以降低合作风险和提高绩效。同时，合作伙伴之间也需要共同制定风险应对策略，以应对可能出现的风险事件。

6. 法律法规约束

联盟组合中的企业需要遵守相关的法律法规和政策规定。然而，法律法规的约束可能影响合作过程中的决策和行动自由度。这可能导致合作伙伴之间的矛盾和冲突，从而影响创业企业的绩效。创业企业需要加强法律合规意识，确保合作活动的合法性和合规性。同时，合作伙伴之间也需要协商制定合法的利益分配和风险承担机制，以避免潜在的法律风险。

7. 技术创新

联盟组合中的技术创新是创业企业提升绩效的重要途径之一。然而，技术创新可能涉及技术研发、知识产权保护等问题，存在一定的风险和不确定性。这可能导致技术创新失败或成果不达预期，从而影响创业企业的绩效。创业企业需要注重技术创新能力的提升，加强技术研发和知识产权保护意识，以推动技术创新的发展和应用。

8. 市场环境变化

市场环境的变化可能影响联盟组合的效果和创业企业的绩效。例如，市场需求变化可能导致合作伙伴之间的利益分配不均衡；竞争加剧可能导致合作中的竞争压力增大；政策变化可能影响合作策略和行动计划等。创业企业需要密切关注市场环境的变化，及时调整合作策略和经营计划，以适应市场的变化和保持竞争优势。

9. 组织文化差异

组织文化是影响企业行为和决策的重要因素之一。不同组织文化之间的差异可能导致合作伙伴之间的沟通和协调障碍，从而影响创业企业的绩效。创业企业需要注重组织文化的融合和发展，建立共同的价值观和行为规范，以促进合作伙伴之间的相互理解和合作效果的提升。

7.2 创业企业联盟组合多样性是导致企业业绩差异的重要原因

资源基础理论的研究已经表明，联盟组合多元化可以使企业获取各种创新机会和创新成长选择，并跨越组织和技术边界，捕获非冗余知识、能力等宝贵资源。科恩和卡纳（Cohen & Caner，2016）认为，随着外部环境的不确定性以及技术迭代速度的加快，企业需要开辟多元的渠道搜索异质性知识和技术，因为企业从不同的交流渠道和合作群体所获取的异质性知识能够对企业绩效提供积极影响。然而，联盟组合也给创业企业带来了较多的挑战，例如，高搜索成本和失败风险、臃肿的管理结构以及知识转移困难等。而此类创业企业联盟组合的特点往往表现出联盟成员之间技术依赖的不可预测性以及联盟管理和协调的复杂性。较低程度的联盟组合多样性（功能多样性和资源多样性）有利于提高创业企业绩效的提升，而超过一定临界点后，较高程度的联盟组合多样性（功能多样性和资源多样性）不利于创业企业绩效的提升。这一结论进一步延伸了苏布拉马尼安和苏（Subramanian & Soh，2017）等学者的观点。他们认为联盟组合多样性会显著影响企业产品创新，提高企业业绩，而本书在他的观点下进一步研究了联盟组合多样性（功能多样性和资源多样性）与绩效之间的非线性关系。

即本书认为：存在最优值的联盟组合多样性（功能多样性和资源多样性）程度，使得创业企业业绩达到最大值。在达到最优的联盟组合多样性（功能多样性和资源多样性）水平前，增加联盟组合多样性（功能多样性和资源多样性）程度可促进企业业绩水平的提升；但超过联盟组合多样性（功能多样性和资源多样性）最优水平时，联盟组合多样性（功能多样性和资源多样性）程度的增加将使得企业业绩水平下降。

因此，创业企业需要权衡联盟组合的多样性问题，联盟组合多样性（功能多样性和资源多样性）程度较低，有助于创业企业绩效水平的提升；若创业企业想引入高度异质性的战略联盟伙伴，以提升企业自身的技术创新能力，那么创业企业须具备对异质性功能和资源的整合能力，否则将得不偿失。此外，创业企业需要根据实际情况，有效甄别和选择联盟组合多样性（功能多样性和资源多样性）和专业性（功能专业性和资源专业性）：联盟组合多样性可实现范围经济和知识共享，减缓核心刚性和路径依赖，避免企业陷入某个技术创新"锁定效应"；而联盟组合专业化可以避免信息超载和臃肿的联盟管理结构，减少联盟管理成本和冲突成本等。因此，创业企业在管理联盟组合战略中，需要对联盟组合多样性和联盟组合专业性采取折中的策略。特别是在达到最优的联盟组合多样性水平时，此时创业企业需要对已有联盟组合功能和资源范围采取"适度"原则，并对联盟成员资源池进行有效融合，进而演化成联盟组合专业化领域的突破性创新活动。

（1）合理选择合作伙伴。选择合适的合作伙伴是建立多样化联盟组合的关键。创业企业在选择合作伙伴时，应考虑其战略目标、资源互补性、合作历史和信誉等因素，以确保联盟组合的稳定性和有效性。同时，创业企业还应根据自身的发展需求和资源状况，选择不同类型的合作伙伴，以实现资源的最优配置。例如，如果创业企业希望提高自身的技术水平，可以选择具有强大技术实力的合作伙伴；如果创业企业希望拓展市场渠道，可以选择具有良好销售渠道的合作伙伴。

（2）加强资源整合能力。资源整合能力是创业企业成功利用联盟组合多样性的关键。创业企业应加强自身资源整合能力，包括人才、技术、市场和管理等方面。通过高效的资源整合能力，创业企业可以更好地利用合作伙伴的资源，提高企业的综合竞争力，进而促进业绩的提升。例如，创业企业可以通过引进高素质人才，提高自身的技术和管理水平；通过学习合作伙伴的先进技术和管理经验，提高自身的生产效率和市场竞争力。

（3）建立良好的沟通和协调机制。沟通和协调是建立多样化联盟组合的必要条件。创业企业应与合作伙伴建立良好的沟通和协调机制，包括定期会议、信息交流和争议解决等。通过有效的沟通和协调，创业企业可以更好地理解合作伙伴的需求和期望，及时调整合作策略和行动计划，确保联盟组合的稳定性和有效性。例如，创业企业可以与合作伙伴建立定期的沟通会议，共同商讨合作事宜和解决合作过程中出现的问题，同时还可以设立协调小组或委员会负责协调合作的具体事宜，确保合作的顺利进行。

（4）注重风险管理。尽管多样化的联盟组合可以带来诸多好处，但同时也伴随着一定的风险。创业企业应注重风险管理来识别潜在的风险因素，评估风险大小和影响程度，并采取相应的措施进行防范和控制。通过科学的风险管理策略，创业企业可以降低联盟组合的风险对业绩的影响，提高企业的抗风险能力。例如，在合作过程中要明确各自的责任和义务，避免产生纠纷或损失，同时要加强对合作伙伴的监督和管理，确保其履行合作协议和承诺，避免给企业带来损失或影响企业的发展进程。

7.3 创业企业联盟组合重构是导致企业业绩差异的重要原因

无论在动态环境或者稳定环境下，焦点企业都比较倾向于对联盟组合重构来适应外部环境的不确定性变化以及争取联盟持续创新优势所需的互补性资源，这种先天的优势为焦点企业在联盟组合中获取合法性地位并进行基于价值创造的联盟组合重构行动提供了机会。但是，实施联盟组合重构行动可能需要投入大量的时间、精力以及财物等资源，同时它也可能面临联盟运行中止、联盟成员"惰性"等不利情况的产生，进而为焦点企业的创新收益与产出带来不平衡性。因此，焦点企业需要评估联盟组合的战略变革的能力，以及认清处于联盟组合中合法性地位，对因实施联盟组合重构所产生的大量异质性知识、资源、信息等进行有效整合，进而实现合作创新绩效的最大化。但是，环境动态性较高时，增强了联盟组合重构通过联盟合法性认知获取合作创新的效果；而处于环境动态性较低时，则削弱了它们之间的这种效应。这也意味着，在联盟组合形成初期，焦点企业就需要与联盟达成能力重构的意识，并不断对联盟成员强化这一思想，避免联盟能力累积的"能力陷阱"问题，进而有意识地对联盟组合进行能力重构。同时，焦点企业在对联盟组合本身进行重构时，不仅仅只将注意力集中到创新资源、知识等的整合，同时还需要重视外部环境变化对联盟战略决策以及联盟合法性地位的重要影响。并在此过程中，明晰情景因素，当环境剧烈变化时，需加快联盟组合重构，以应对不确定环境对联盟创新资源获取的冲击。

1. 资源优化配置与业绩提升

创业企业应基于自身战略目标和市场环境变化，动态调整合作伙伴的选择。在联盟组合重构过程中，创业企业应关注合作伙伴的资源互补性、战略目标和信誉等因素，以建立稳定、有效的合作关系。同时，创业企业还应根据自身发展需求和资源状况，选择不同类型的合作伙伴，以实现资源的最优配置。因此，通过联盟组合重构，创业企业可以优化资源配置，提高资源利用效率。通过与不同类型的合作伙伴建立合作关系，创业企业可以获得多样化的资源支持，包括资金、技术、人才和市场等。这些资源的优化配置可以为创业企业提供更多的发展机会，提高其技术创新和市场拓展能力，进而促进业绩的提升。例如，创业企业可以通过与供应商重构合作关系，获得更好的采购价格和更及时的供货；通过与客户重构合作伙伴关系，了解市场需求和消费者偏好，提高产品或服务的市场竞争力。

2. 风险规避与业绩提升

创业企业在成长过程中面临着诸多风险，如技术风险、市场风险和财务风险等。通过联盟组合重构，创业企业可以与合作伙伴共同规避这些风险，提高企业的抗风险能力，进而降低风险对业绩的影响。同时，创业企业还应科学进行风险管理来识别潜在的风险因素，以及评估风险大小和影响程度，并采取相应的措施进行防范和控制。通过科学的风险管理策略，创业企业可以降低联盟组合的风险对业绩的影响，提高企业的抗风险能力。例如，创业企业可以通过与科研机构重构合作关系，共同研发新技术和新产品，降低技术风险；通过与销售渠道商重构合作关系，实现销售风险的共担。

3. 优势互补与业绩提升

联盟组合重构可以为创业企业提供更多的优势互补机会。通过与不同类型的合作伙伴重构合作关系，创业企业可以借助合作伙伴的优势弥补自身的不足，提高企业的综合竞争力，进而促进业绩的提升。另外，创业企业应强化自身资源整合能力，包括人才、技术、市场和管理等方面。通过高效的资源整合能力，创业企业可以更好地利用合作伙伴的资源，来提高企业的综合竞争力，进而促进业绩的提升。例如，创业企业可以通过与技术型合作伙伴重构合作关系，提高自身的技术水平；通过与市场型合作伙伴重构合作关系，拓展销售渠道和市场占有率。

7.4　创业企业战略柔性的影响

创业企业依据联盟组合的功能属性、资源属性以及身份属性来获取资源，并及时更新资源组合，还需要通过有效的战略柔性机制，才能内化成创业企业绩效提升所需的创新资源。该研究结论凸显了当前创业企业在整合、重构联盟组合战略，并提升企业业绩的动态过程，以及对联盟成员所提供的有价值资源进行柔性战略的重要实践意义。同时，还应该认识到，创业企业若想通过自身构建战略柔性机制来完成业绩提升所需的资源，可能会受到资源限制的约束，进而难以实现对现有资源进行利用的同时，来挖掘新的资源。因此，通过完善联盟组合功能属性、资源属性以及身份属性，创业企业可以打破这一限制，并拓宽自身异质性资源的深度和宽度，从而避免"现有能力成就过时"和"创新两难困境"的情况。但需要说明的是，这只是从联盟组合的"总量"来说的，从"增量"的进程来看，创业企业还需要认清自己所处的形式和位置，不可机械地为了资源柔性和协调柔性而盲目地分配创新资源。一方面，创业企业需要不断感知环境中的创新机会，形成一种适应剧烈变化情况下所需要的联盟伙伴间资源柔性机制。即通过选择契约机制或者信任机制构建具有一致性和适应性特征的联盟情景，从而协同一致地整合、重构联盟内外部资源，以改变现有能力与新环境相适应，并在动态复杂环境中获得联盟网络的长期竞争优势。另一方面，创业企业还需要在联盟成员间建立高度合作意图的协调柔性机制，各联盟成员只有在同一价值观、战略目标以及抱负的指引下，才能有效提升联盟成员对互动模式认知的近似性和信任关系，降低联盟合作创新过程中的机会主义风险。从而可以更好地动态管理战略联盟，促进联盟成员间长久的合作，并为联盟的成功打下坚实基础。资源柔性可实现创业企业通过联盟组合来获取范围经济、资源创造和共享意愿，减缓核心刚性和路径依赖，避免创业企业陷入合作创新过程中某个资源"锁定效应"；而协调柔性可以避免联盟组合中信息超载，以及形成臃肿的联盟管理结构，减少联盟管理成本和冲突成本等。因此，如果资源柔性和协调柔性目前处于失衡的状态，而创业企业在联盟组合中采用同等的精力和资源去支持资源柔性和协调柔性，那么在自强化效应的作用下，资源柔性和协调柔性之间的失衡差距将会越拉越大，出现"强者恒强，弱者越弱"局面，从而不利于企业业绩的提升。

7.4.1 战略柔性对创业企业业绩的影响

战略柔性是指企业通过灵活调整战略方向、资源配置和运营策略，以适应市场变化和抓住发展机会的能力。这种柔性能力可以帮助企业在快速变化的环境中保持竞争优势，提高适应能力和创新能力。

1. 提高市场响应速度

通过战略柔性，创业企业可以迅速调整战略方向和资源配置，以响应市场需求的变化。这种快速的市场响应能力可以帮助创业企业抓住市场机遇，满足消费者需求，提高市场份额和销售额。例如，在疫情期间，一些创业企业通过灵活调整战略方向，将业务重心转向线上教育、远程办公等领域，从而抓住了市场机遇，实现了快速成长。

2. 增强创新能力

战略柔性可以帮助创业企业保持创新能力和竞争优势。在不断变化的市场环境中，创业企业需要不断地推出新产品、新技术和新服务以满足消费者需求。通过战略柔性，创业企业可以灵活调整研发方向、优化产品设计、提高生产效率等，以保持创新能力并在竞争中脱颖而出。例如，一些创业企业通过与高校和研究机构合作，共同开展技术研发和创新活动，从而提高了自身的创新能力，获得了市场竞争优势。

3. 降低运营成本

通过战略柔性，创业企业可以灵活调整运营策略和资源配置，以降低运营成本并提高经营效率。例如，在市场需求下降的情况下，创业企业可以通过调整生产计划、优化供应链管理等方式来降低库存成本和物流成本；在人力资源方面，创业企业可以通过灵活调整人员结构和用工方式来降低人力成本。这些降低运营成本的做法可以帮助创业企业提高盈利能力，增强市场竞争力。

7.4.2 联盟组合如何通过战略柔性提升企业业绩

1. 资源互补与战略柔性

联盟组合可以帮助创业企业在资源上实现互补和共享，从而提高战略柔性。通过与不同类型的合作伙伴建立合作关系，创业企业可以获得资金、技术、人才和市场等资源的支持，进而提高自身的资源储备和利用效率。这种资源互补和共享，可以帮助创业企业迅速响应市场需求变化，提高创新能力并降低运营成本。例如，创业企业可以通过与供应商建立联盟组合，获得更好的采购价格和更及时的供货；与销售渠道商建立联盟组合，拓展销售渠道和市场占有率。这些资源互补和共享的做法可以帮助创业企业提高市场响应速度和创新能力，进而提升业绩。

2. 风险共担与战略柔性

联盟组合可以帮助创业企业在风险上实现共担和分担，从而提高战略柔性。通过与合作伙伴共同承担风险和责任，创业企业可以降低自身的风险压力和不确定性，同时借助合作伙伴的优势和经验来提高自身的抗风险能力。这种风险共担和分担的做法，可以帮助创业企业更好地应对市场风险和不确定性，保持稳健经营并抓住市场机遇。同时还要关注合作伙伴之间的竞争关系和利益分配问题，避免因利益冲突导致合作关系破裂或产生负面影响。此外，还要加强合作伙伴之间的沟通和协调，建立良好的沟通和协调机制，及时解决合作过程中出现的问题，确保合作的顺利进行。例如，可以建立定期的沟通会议，共同商讨合作事宜和解决合作过程中出现的问题。同时，还可以设立协调小组或委员会，负责协调合作的具体事宜，确保合作的顺利进行。

附录A 创业企业联盟组合数据库编码工作手册

第一部分 战略联盟公告

一、联盟基本情况

1. 企业股票代码［填空题］

_____

2. 企业名称［填空题］

_____

3. 企业所从事的业务［填空题］

_____

4. 联盟对象企业名称［填空题］

_____

5. 联盟对象企业所从事的业务［填空题］

_____

6. 焦点企业所属体制属性是_____［填空题］

7. 类型（　　　）［单选题］

○ 体制内　　　　　　　○ 体制外

8. 联盟对象企业所属体制属性是_____［填空题］

9. 类型（　　　）［单选题］

○ 体制内　　　　　　　○ 体制外

提示：体制内组织为党政机关、政府部门、事业单位、央企国企、大学、科研机构；体制外组织为外资企业（独资）、合资企业、私营企业、集体企业。

10. 联盟开始时间［填空题］

_____

11. 联盟终止时间［填空题］如果没有，写"无"。

_____

12. 该联盟是否为PPP项目（公私合营模式）［单选题］

○ 是　　　　　　　　　　○ 否

回答"是"，则继续回答第 12.1～12.8 题；回答"否"，跳转第二部分。

12.1　项目领域：

○ 基础设施建设　　　　○ 环保　　　　　　　○ 教科文卫体

12.2　是否成立联合体（联合公司）

○ 是　　　　　　　　　　○ 否

12.3　政府部门是否为联合体成员

○ 是　　　　　　　　　　○ 否

12.4　协议形式：

○ 投资协议　　　　　○ 特许经营协议

12.5　合作模式：

○ BOT　　　　　　　○ BOO（建设—拥有—运营）

○ DBFO　　　　　　○ DBO　　　　　　　○ DBFOT

12.6　合作期限_____年

12.7　政府参与方式：

○ 土地出让　　　　　　　　　　　○ 专项补贴

○ 土地征收，拆迁，安置，补偿　　　○ 税费优惠

12.8　项目制度安排：

○ 财政拨款（政府购买）　　　　　　○ 特许经营

○ 合同承包　　　　　　　　　　　　○ 政府补贴

二、关于风险与不确定性

13. 该联盟存在的不确定性类型是（　　　）［单选题］

○ 市场不确定性　　　　○ 合作模式（收入模式）不确定性

○ 合同实施不确定性　　○ 技术不确定性　　○ 资金不确定性

提示：谈到所涉及市场领域的发展状况、市场容量、购买力等，属于市场不确定性。由于双方合作模式、分成模式不确定导致收入规模等无法估算，属于合作模式不确定性。项目实施过程中可能存在合作规划、合作目标及合作方式无法达成一致的可能，属于项目实施的不确定性。关于双方合作涉及的技术存在变革、改进趋势等方面的不确定性，为技术不确定性。若合作方存在融资、担保、资产重组、债务处理等而引发的问题，为资金不确定性。

三、关于联盟合作

14. 该联盟所涉及的联盟活动为（　　　）［多选题］

□ 供应　　　　　　□ 生产　　　　　　□ 研发

□ 营销　　　　　　□ 政策审批　　　　□ 其他

提示：政策审批专指企业与政府建立联盟，政府一方协助进行各方面程序、文件的审批。

15. 该联盟中联盟伙伴提供给焦点企业的资源为（　　　）［多选题］

□ 设备、原料等物质资源　　　　　　□ 生产资源

□ 技术资源　　　□ 市场资源　　　□ 政治资源

提示：设备、原料等物质资源包括联盟方提供的厂房、设备、原材料、零部件、可供代理的产品等。生产资源包括联盟方提供的关于生产运营的经验、培训、指导等。技术资源包括联盟提供的各种技术援助，如专利、技术咨询、图纸等。市场资源包括联盟方的地域资源、市场网点、销售渠道、营销经验等。政治资源是指联盟方与政府的关系，能够协调政府文件审批等。

16. 该联盟中焦点企业提供给联盟伙伴的资源为（　　）[多选题]

□ 设备、原料等物质资源　　　　　　　　□ 生产资源

□ 技术资源　　　　　　□ 市场资源　　　　　　□ 政治资源

提示：划分标准同上。

17. 该联盟中焦点企业以何种方式向其联盟伙伴学习？（　　）[多选题]

□ 培训课程　　　　□ 现场指导　　　　□ 提供技术专利

□ 提供人才支持　　　　□ 其他

提示：填写其他请记录学习方式。

18. 该联盟中焦点企业以何种管理方式吸收联盟合作伙伴的新知识？
（　　）[多选题]

□ 成立合资公司　　　□ 成立管理部门　　　□ 成立管理小组

□ 设立相应的人员　　　□ 其他

19. 该联盟中以何种流程来分析从联盟伙伴获得的信息？（　　）[单
选题]

○ 过程管理　　　　　○ 权利义务　　　　　○ 没有流程

提示：过程管理，即开展项目的实施过程。权利义务仅对联盟中双
方或多方的责权利做一说明。没有流程即未作关于过程、责权利的任
何说明。

20. 该联盟对焦点企业影响预期（　　）[多选题]

□ 供应　　　　　□ 生产　　　　　□ 研发

□ 营销　　　　　□ 政策审批

提示：参考《战略联盟公告》中"上述合同对公司的影响"。

**上述四个问项（17～20）用于衡量跨组织学习，这是联盟管理能力的
其中一个维度。**

原文献：Schilke O, Goerzen A. Alliance Management Capability: An In-
vestigation of the Construct and its Measurement [J]. *Journal of Management*,
2010, 36 (5): 1192 – 1219.

21. 焦点企业所处的市场是什么？（　　）［填空题］

22. 联盟所针对的市场是什么？（　　）［填空题］

探索性联盟 ［单选题］—— 针对每一个联盟进行判断

23. 该联盟使我们进入新市场

○ 强烈认同　　　○ 认同　　　○ 不认同　　　○ 强烈不认同

提示：通过焦点企业所处的主要市场和联盟针对市场的比较进行评判，若二者是完全不相关的，则为强烈认同；若二者是有一定的关联，如上下游或细分市场等从属关系，则为认同。若二者是完全一样的市场，如同业者之间的联盟，针对同一个行业、市场，为强烈不认同。

24. 该联盟实现了诸如研发等上游活动

○ 强烈认同　　　○ 认同　　　○ 不认同　　　○ 强烈不认同

提示：若联盟是完全以技术研发为主的研发联盟（研发新产品），则为强烈认同；若联盟中包含双方的技术援助、技术交流等，则为认同。若联盟不涉及研发，而涉及产品生产等，为不认同；没有任何关于技术、产品的内容，为强烈不认同。

25. 该联盟使我们公司用上新技术

○ 强烈认同　　　○ 认同　　　○ 不认同　　　○ 强烈不认同

提示：评价联盟方所提供的技术是公司所不拥有，认为是强烈认同；若联盟方所具有的是公司拥有，但技术实力更强（如说明联盟方是该技术领域的领导者，拥有关键的、核心的技术能力等），则为认同。

开发性联盟 ［单选题］

26. 该联盟有助于减少新竞争的威胁

○ 强烈认同　　　○ 认同　　　○ 不认同　　　○ 强烈不认同

提示：如果该联盟的联盟伙伴与焦点企业是竞争关系，则联盟的建立有助于减少新竞争的威胁。竞争关系通过焦点企业与联盟伙伴的业务重叠程度来判定，重叠程度高意味着竞争关系强，联盟的建立越有助于减少新竞争的威胁，越表现为强烈认同。

27. 该联盟让我们设置障碍阻碍新竞争

○ 强烈认同　　　○ 认同　　　○ 不认同　　　○ 强烈不认同

提示： 联盟以多种方式提高市场进入障碍，如联盟促使焦点企业扩大规模、提高现有产品的技术难度、扩大地域市场范围、提高品牌影响力等，为强烈认同；仅提到上述情况中的一点，为认同。

28. 该联盟使我们现有产品进入新市场

○ 强烈认同　　　○ 认同　　　○ 不认同　　　○ 强烈不认同

提示： 《战略联盟公告》中有说明，促进焦点企业现有产品进入新市场，如技术延伸应用的市场等，为强烈认同；促进焦点企业现有产品进入新的地域市场，为认同。仅在现有市场中渗透，为不认同。

上述两大问项分别用于衡量探索性联盟与开发性联盟。

第二部分　公司年报

一、财务数据

1. 年度报告年份［填空题］

_____

2. 营业收入（单位：亿元）［填空题］

_____

提示： 参考创业板上市公司《年度报告》"第二节　公司简介和主要财务指标"，其中营业收入是以元为单位，请转换为亿元。

3. 净利润（单位：万元）［填空题］

_____

提示： 主要参考创业板上市公司《年度报告》"第二节　公司简介和主要财务指标"｜"归属上市公司股东的净利润"是以元为单位，请转换为亿元。

4. 经营活动产生的现金流量［填空题］

_____

提示：主要参考创业板上市公司《年度报告》"第二节　公司简介和主要财务指标"｜"经营活动产生的现金流量净额"是以元为单位，请转换为亿元。

5. 基本每股收益（单位：元）［填空题］

_____

提示：主要参考创业板上市公司《年度报告》"第二节　公司简介和主要财务指标"｜"基本每股收益"这一指标。

6. 净资产收益率［填空题］

_____

提示：主要参考创业板上市公司《年度报告》"第二节　公司简介和主要财务指标"｜"加权平均净资产收益率"这一指标。

7. 总资产（单位：万元）［填空题］

_____

提示：主要参考创业板上市公司《年度报告》"第二节　公司简介和主要财务指标"｜"资产总额"这一指标。

8. 企业在当期获得的政府补贴（单位：万元）［填空题］

_____

提示：主要参考创业板上市公司《年度报告》"第二节　公司简介和主要财务指标"｜"非经常性损益项目及金额"这一指标。

二、公司业务情况

9. 公司所从事的业务，请记录每一项业务及其在报告期的营业收入。

提示：参考创业板上市公司《年度报告》"第四节　管理层讨论与分析"｜"二、主营业务分析"｜"2. 收入与成本"｜"（1）营业收入"。

9.1　业务 1 的名称_____，营业收入金额_____，占营业收入比重_____

9.2 业务 2 的名称_____，营业收入金额_____，占营业收入比重_____

9.3 业务 3 的名称_____，营业收入金额_____，占营业收入比重_____

9.4 业务 4 的名称_____，营业收入金额_____，占营业收入比重_____

商业模式构成要素

选择主营业务编码商业模式构成，可根据分业务营业收入情况进行筛选，选择收入最高的作为主营业务。

供给要素情况：

10. 企业产品或服务的生产方式［单选题］

○ 标准化　　　　　　○ 一定程度定制化　　○ 定制化

提示：若产品的同质化程度高，采用流水线生产，则选择"标准化"；若产品的同质化程度低，不采用流水线生产，则选择"定制化"；介于两者之间，则选择"一定程度定制化"。有的业务描述直接注明有定制化或标准化。

11. 企业在产品或服务交付过程中的角色［单选题］

○ 产品制造或服务提供商　　　　　　○ 外包商

○ 许可证贸易　　　○ 经销商　　　　○ 增值经销商

提示：根据企业所从事的主营业务来判断。

12. 企业产品或服务的分销方式［单选题］

○ 直接分销　　　　○ 间接分销

提示：根据企业所从事的主营业务来判断。

市场要素情况：

13. 客户的地理分布［单选题］

○ 本地的　　　　　○ 区域性的　　　　○ 国际的

提示：根据报告期内排名前 5 名客户的所在地来判断，以"省"作为基本的地理单元。

14. 客户在价值链上的位置 ［多选题］

□ 原材料生产商　　　□ 产品制造商或服务提供商

□ 渠道商　　　　　　□ 最终的个体消费者

提示： 根据报告期内排名前 5 名客户名称中所体现的业务类型来判断：实业公司多属于产品制造商或服务提供商；商贸公司多属于渠道商。

15. 企业市场特征 ［单选题］

○ 大众市场　　　　　○ 利基市场

提示： 根据报告期内前 5 名客户名称中所体现的业务类型差异程度来判断，若业务类型差异大，则选择"大众市场"；若业务类型差异小，则选择"利基市场"。

内部能力要素情况：

16. 能够为企业带来竞争优势的核心能力是什么？［多选题］

□ 生产能力　　　　□ 营销能力　　　　□ 信息管理能力

□ 技术创新能力　　□ 金融投资能力　　□ 供应链管理能力

□ 关系网络能力

提示： 根据创业板上市公司《年度报告》"第三节　公司业务概要"的核心竞争力分析来选择。

竞争战略要素情况：

17. 企业在哪些方面具有与众不同的竞争优势地位？［多选题］

□ 可靠性　　　　　□ 产品或服务　　　□ 创新领导力

□ 生产运营管理　　□ 客户管理

提示： 根据创业板上市公司《年度报告》"第三节　公司业务概要"的核心竞争力分析来选择。

经济要素情况：

18. 收益来源 ［单选题］

○ 固定　　　　　　○ 柔性

提示： 根据企业主营业务收入构成来判断，若主营业务收入来源单一，则选择"固定"；若主营业务收入来源多样化，则选择"柔性"。

19. 经营杠杆［单选题］

○ 低　　　　　　　○ 中　　　　　　　○ 高

提示：根据企业资产负债率大小来判断，低于 40% 选择"低"；40% ~ 60% 选择"中"；超过 60% 选择"高"。

三、客户与供应商

提示：参考创业板上市公司《年度报告》"第四节　管理层讨论与分析"｜"二、主营业务分析"｜"2. 收入与成本"｜"（8）主要销售客户和供应商情况"。

20. 请记录前 5 名客户的名称［填空题］

_____

21. 前 5 名客户合计销售金额占年度销售金额的比例［填空题］

_____

22. 焦点企业的客户分散程度［单选题］

○ 非常低　　　　　　○ 较低　　　　　　　○ 一般

○ 较高　　　　　　　○ 非常高

提示：参考创业板上市公司《年度报告》"第四节　管理层讨论与分析"部分。排名第 1 与排名最后的客户收入占比差距越大，则分散程度越低。该比例超过 13% 的分散程度非常高，超过 10% 但低于 13% 的分散程度较高，低于 6% 但高于 3% 较低，低于 3% 非常低。

23. 较上年企业前 5 名客户是否发生变化［单选题］

○ 是　　　　　　　○ 否

提示：参考年度报告中管理层讨论与分析部分。

24. 变动的客户数量是多少？［填空题］

_____

提示：参考创业板上市公司《年度报告》"第四节　管理层讨论与分析"部分，依据近两年客户数量变量情况计数。例如，如果 2015 年前 5 名客户新增 1 名，则变动数计算为 2；如果新增 2 名，则变动数计算为 4；如果没有变化，计数为 0。

25. 企业前 5 名客户收入占比情况［单选题］

○ 聚焦　　　　　　○ 分散　　　　　　○ 持平

提示：参考创业板上市公司《年度报告》"第四节　管理层讨论与分析"部分，排名第一与排名最后的客户收入占比差距若显著加大（大于 5%），则是聚集；若显著减小，则是分散；若变化不大（小于 5%），则是持平。

26. 记录前 5 名供应商的名称［填空题］

_____

27. 前 5 名供应商合计采购金额占年度采购金额的比例［填空题］

_____

28. 焦点企业的供应商分散程度［单选题］

○ 非常低　　　　　○ 较低　　　　　　○ 一般

○ 较高　　　　　　○ 非常高

提示：参考创业板上市公司《年度报告》"第四节　管理层讨论与分析"部分。排名第 1 与排名最后的供应商供货量占比差距越大，则分散程度越低。该比例超过 13% 的分散程度非常高，超过 10% 但低于 13% 的分散程度较高，低于 6% 但高于 3% 较低，低于 3% 非常低。

29. 企业前 5 名供应商的行业数量［填空题］

_____

提示：参考创业板上市公司《年度报告》"第四节　管理层讨论与分析"部分。

30. 较上年企业前 5 名供应商是否发生变化［单选题］

○ 是　　　　　　　○ 否

提示：参考创业板上市公司《年度报告》"第四节　管理层讨论与分析"部分。

31. 企业前 5 名供应商变化数量［填空题］

_____

提示： 参考创业板上市公司《年度报告》"第四节　管理层讨论与分析"部分。依据供应商较上一年变化情况计数，例如，如果2015年前5名供应商新增1名，则变动数计算为2；如果新增2名，则变动数计算为4。如果没有变化，计数为0。

32. 企业前5名供应商供货量占比情况［单选题］

○ 聚焦　　　　　　　○ 分散　　　　　　　○ 持平

提示： 参考创业板上市公司《年度报告》"第四节　管理层讨论与分析"部分，排名第1与排名最后的供应商供货量占比差距若显著加大（大于5%），则是聚集；若显著减小，则是分散；若变化不大（小于5%），则是持平。

四、技术研发情况

提示： 参考创业板上市公司《年度报告》"第四节　管理层讨论与分析"｜"二、主营业务分析"｜"4. 研发投入"。

企业当期研发情况［填空题］

33. 研发人员数量_____

34. 研发人员数量占比_____

35. 研发投入金额_____

36. 研发投入占营业收入比重_____

37. 企业新获得的专利数量_____

38. 在企业新获得的专利中，发明专利数量_____

39. 在企业新获得的专利中，实用新型专利数量_____

40. 在企业新获得的专利中，外观设计专利数量_____

41. 企业新获得的著作权数量_____

提示： 关于研发情况，有的年报写在"管理层讨论与分析"的"技术创新情况"里面，有的写在"管理层讨论与分析"的"研发投入"里面。研发投入与营业收入的比例衡量 EO 中的 innovation 维度。若没有说明申请的专利数量，可在中国专利网查询。

五、投资与并购情况

42. 公司在报告期内的股权投资金额［填空题］＿＿＿＿＿＿＿＿＿＿＿

提示：参考创业板上市公司《年度报告》"第四节　管理层讨论与分析"｜"五、投资状况分析"，报告期内获取的重大的股权投资情况（合计金额）。

用上一年净利润减去当期对外股权投资/上一年净利润＝公司将收益再投资于公司，用来测量 EO 的 proactiveness 维度。

43. 公司在报告期内对外参股的企业［填空题］

＿＿＿＿＿＿＿＿＿＿＿＿＿＿＿＿＿

提示：参考创业板上市公司《年度报告》"第四节　管理层讨论与分析"｜"七、主要控股参股公司"，只记录参股公司。

44. 公司在报告期内对外并购的企业［填空题］

＿＿＿＿＿＿＿＿＿＿＿＿＿＿＿＿＿

提示：参考创业板上市公司《年度报告》"第五节　重要事项"｜"七、合并报表范围发生变化的情况说明"，记录非同一控制下并购的公司。

六、关联交易

45. 在与日常经营相关的关联交易中，公司在报告期内关联交易的

45.1　次数＿＿＿＿＿＿＿

45.2　金额＿＿＿＿＿＿＿

45.3　关联关系类型＿＿＿＿＿＿＿＿＿＿

46. 在资产或股权收购、出售发生的关联交易中，公司在报告期内关联交易的

46.1　次数＿＿＿＿＿＿＿

46.2　金额＿＿＿＿＿＿＿

46.3　关联关系类型＿＿＿＿＿＿＿＿＿＿

47. 在共同对外投资的关联交易中，公司在报告期内关联交易的

47.1　次数＿＿＿＿＿＿＿

47.2 金额＿＿＿＿＿＿＿＿＿＿＿

47.3 关联关系类型＿＿＿＿＿＿＿＿＿＿＿

48. 在关联债权债务往来的关联交易中公司在报告期内关联交易的

48.1 次数＿＿＿＿＿＿＿

48.2 金额＿＿＿＿＿＿＿＿＿＿

48.3 关联关系类型＿＿＿＿＿＿＿＿＿＿＿

提示：以上内容参考创业板上市公司《年度报告》"第五节　重要事项"｜"十五、重大关联交易"。

七、社会责任情况

49. 企业在报告期实施的捐赠型社会责任行为次数〔填空题〕＿＿＿＿，
金额〔填空题〕＿＿＿＿＿＿＿＿＿

公益型社会责任次数〔填空题〕＿＿＿＿＿＿，金额〔填空题〕＿＿＿＿＿

＿＿＿＿＿

提示：参考创业板上市公司《年度报告》"第五节　重要事项"｜"十九、社会责任情况"。捐赠型主要是社会捐款、援建为主的社会责任行为，公益型主要与环境保护有关的社会责任行为。

50. 公司是否投资于雇员个人知识和技能提高以提升雇员职业发展能力〔单选题〕

○ 是　　　　　　　　○ 否

金额〔填空题〕＿＿＿＿＿＿＿＿＿＿＿＿＿＿

提示：参考创业板上市公司《年度报告》"第五节　重要事项"｜"十九、社会责任情况"。主要体现的是内部社会责任，对内部员工（利益相关者）的社会责任行为。

八、公司治理

51. 企业的实际控制人〔单选题〕

○ 个人　　　　　　　○ 组织

52. 当实际控制人为组织时，组织的体制属性［单选题］

○ 体制内　　　　　　○ 体制外

提示：根据创业板上市公司《年度报告》"股东与实际控制人情况"部分。

53. 实际控制人的持股比例［填空题］

_____

提示：根据创业板上市公司《年度报告》"股东与实际控制人情况"部分。

54. 公司的股权结构中是否有国有股［单选题］

○ 是　　　　　　　　○ 否

提示：根据创业板上市公司《年度报告》"股东与实际控制人情况"部分。

55. 是否存在联合控制情况［单选题］

○ 是　　　　　　　　○ 否

提示：终极控制人投资两家以上企业控制上市公司，而这两家企业相互存在关联或交叉持股，为联合控制。

九、董事与高管

提示：以下问项根据年报中董事、监事、高管及员工情况部分作答。

56. 企业董事人数［填空题］_____

57. 企业监事人数［填空题］_____

58. 企业高级管理人员人数［填空题］_____

企业董事长特征：

59. 性别［单选题］　　　○ 是　　○ 否

60. 出生年份［填空题］　　　　　_____年

61. 文化程度［单选题］

○ 专科及以下　　　　○ 本科

○ 硕士　　　　　　　○ 博士

62. 工作过的企业或单位数量 ［填空题］ _____

62.1　这些企业或单位的性质 ［多选题］

□ 党政机关　　　　□ 事业单位　　　　□ 私营企业

□ 国有企业　　　　□ 外资企业　　　　□ 大学

□ 科研机构　　　　□ 合资企业　　　　□ 其他

62.2　是否曾担任人大或政协委员 ［单选题］

○ 是　　　　　　　○ 否

62.3　担任人大或政协委员级别 ［多选题］

□ 国家级　　　　　□ 省部级　　　　　□ 地市级

63. 是否具有海外留学、访问经历 ［单选题］

○ 是　　　　　　　○ 否

64. 是否持有企业股份 ［单选题］

○ 是　　　　　　　○ 否

64.1　持有股份比例是多少 ［填空题］ _____

65. 是否存在对外兼任情况 ［单选题］

○ 是　　　　　　　○ 否

65.1　兼任的企业或单位数量 ［填空题］ _____

65.2　这些企业或单位的性质是 ［多选题］

□ 党政机关　　　　□ 事业单位　　　　□ 私营企业

□ 国有企业　　　　□ 外资企业　　　　□ 大学

□ 科研机构　　　　□ 合资企业　　　　□ 其他

企业总经理、前五位董事、前五位高级管理人员、三位独立董事、两位监事，均问上述问题。

66. 是否还担任公司其他管理职务 ［单选题］

○ 是　　　　　　　○ 否

66.1　职务或岗位是什么？［填空题］ _____

67. 董事会中曾在党政机关、政府部门工作的董事数量 ［填空题］

68. 董事会中曾经在党政机关、政府部门以外的体制内组织工作的董事数量［填空题］

_____

69. 董事会中董事成员曾经工作过的企业或单位平均数量［填空题］

_____

提示：首先计数每一个董事成员曾经工作过的企业或单位数量，再进行平均。

70. 董事会中曾在其他企业或单位兼任董事的数量［填空题］

_____

提示：兼任仅为董事，不包括高管。

71. 董事会中具有外部任职的董事数量［填空题］

_____

提示：任职包括兼任董事或兼任其他管理人员。

72. 董事会中具有外部任职的董事，外部兼任的单位数量［填空题］

_____

73. 高管团队中兼任其他企业或单位董事的高管数量［填空题］

_____

提示：69、70、71 题为衡量企业间连锁董事关系的测量。

74. 高管兼任董事的数量［填空题］

_____

75. 高管兼任董事的时间（平均时间）［填空题］

_____

76. 员工教育程度

硕士以上占比_____

大学本科占比_____

专科占比_____

中专、高中及以下占比_____

以下为财务报表中数据：

77. 本期增加的专利权［填空题］＿＿＿＿＿＿＿＿＿＿＿＿＿＿

提示： 参考创业板上市公司《年度报告》"第十节　财务报告"｜"第七节　合并财务报表项目注释"中第 25 条注释，即无形资产的相关内容。

78. 本期增加的非专利技术［填空题］＿＿＿＿＿＿＿＿＿＿＿

提示： 参考创业板上市公司《年度报告》"第十节　财务报告"｜"第七节　合并财务报表项目注释"中第 25 条注释，即无形资产的相关内容。

79. 本期增加的特许经营权、土地使用权、软件［填空题］＿＿＿＿＿＿＿＿＿

80. 本期增加的商誉［填空题］＿＿＿＿＿＿＿＿＿＿＿＿＿＿

提示： 参考创业板上市公司《年度报告》"第十节　财务报告"｜"第七节　合并财务报表项目注释"中第 27 条注释，即商誉的相关内容。

81. 公司在报告期的销售费用中的业务招待费（或称交际应酬费）＿＿＿＿＿＿＿＿＿＿＿

提示： 参考创业板上市公司《年度报告》"第十节　财务报告"｜第七节"合并财务报表项目注释"中第 63 条注释，即销售费用的相关内容。

82. 公司在报告期的管理费用中的业务招待费（或称交际应酬费）＿＿＿＿＿＿＿＿＿＿＿

提示： 参考创业板上市公司《年度报告》"第十节　财务报告"｜第七节"合并财务报表项目注释"中第 64 条注释，即管理费用的相关内容。

83. 政府补助总额＿＿＿＿＿＿，其中，财政拨款（固定资产、职工奖励、研究开发等）总额＿＿＿＿＿＿，财政贴息总额＿＿＿＿＿＿，税收优惠（税收返还、即征即退、税收减免、税收奖励）总额＿＿＿＿＿＿

84. 在公司所获得的政府补助中，奖励型补贴的次数＿＿＿＿＿＿，金额＿＿＿＿＿＿

85. 在公司所获得的政府补助中，补助型补贴的次数＿＿＿＿＿＿，金额＿＿＿＿＿＿

86. 在公司所获得的政府补助中，国家级政府补贴的次数_____，
金额_____

提示：83、84、85 题参考创业板上市公司《年度报告》"第十节　财务报告"｜"第七节　合并财务报表"中第 69 条，即营业外收入的相关内容。

87. 支付的各项税费总额：_____

88. 收到的税费返还总额：_____

89. 所得税费用本期发生额：_____

90. 母公司适用税率：_____

提示：87、88 题见"合并现金流量表"，89 题见"所得税费用"，90 题见"税收优惠"。

附录 B 基于创业板上市企业联盟 网络数据库的研究成果

跨校学术团队联合开发创业板上市企业联盟网络数据库，已经产出了丰富的合作研究成果，在《南开管理评论》《管理评论》《外国经济与管理》等刊物发表论文 10 余篇；在 *Strategic Entrepreneurship Journal* 等国际学术期刊审稿论文 2 篇。部分代表性成果如下。

[1] 韩炜，刘夏青．基于"伙伴—资源"组合的联盟组合重构诱因研究 [J]．南开管理评论，2023，26（5）：72 – 85.

[2] 韩炜，黄小凤．董事会对外董事任职影响联盟组合多样性的作用机制——基于创业板联盟数据的实证研究 [J]．管理学季刊，2020，5（2）：60 – 89，144 – 145.（2020 年度最佳论文）

[3] 韩炜，邓渝．联盟组合的研究述评与展望：联盟组合的交互、动态与影响效应 [J]．管理评论，2018，30（10）：169 – 183.

[4] 韩炜，刘夏青．重复性联盟组合重构对焦点企业绩效的影响研究 [J]．研究与发展管理，2024，36（1）：94 – 107.

[5] 韩炜，喻毅．联盟组合特征、股权式联盟治理与创业企业绩效 [J]．管理学季刊，2017，2（4）：110 – 129，161.

[6] 邓渝．"做正确的事与正确地做事"：资源编排视角下的创业企业绩效 [J]．外国经济与管理，2021，43（5）：34 – 46.

[7] 邓渝，王嘉斐．联盟组合多样性与企业创新——基于资源编排理论的实证研究 [J]．中国科技论坛，2023（5）：79 – 88.

[8] 胡新华．联盟组合中资源多样性的"双刃剑"效应——以产品市场势力为中介 [J]．财经论丛，2021（4）：83 – 93.

参 考 文 献

[1] 邓渝，王嘉斐．联盟组合多样性与企业创新——基于资源编排理论的实证研究 [J].中国科技论坛，2023（5）：79－88.

[2] 杜运周，任兵，陈忠卫等．先动性、合法化与中小企业成长——一个中介模型及其启示 [J].管理世界，2008（12）：126－138，148.

[3] 樊纲，王小鲁，马光荣．中国市场化进程对经济增长的贡献 [J].经济研究，2011，46（9）：4－16.

[4] 符正平，彭伟，刘冰．基于跨时视角的联盟组合过程研究与概念框架构建 [J].外国经济与管理，2011，33（1）：59－65.

[5] 江积海，刘风．国外联盟组合研究述评及展望 [J].外国经济与管理，2013，35（3）：12－21.

[6] 李婉红，王帆．数字创新、战略柔性与企业智能化转型——考虑环境复杂性的调节效应 [J].科学学研究，2023，41（3）：521－533.

[7] 梁倩．从新注册企业数据看市场主体活力 [N].经济参考报，2022－08－16.

[8] 凌士显，白锐锋．绩效变动与企业创新行为研究——基于绩效变动方向的分析 [J].商业研究，2018（6）：101－107.

[9] 王国红，黄昊，秦兰．技术新创企业创业网络对企业成长的影响研究 [J].科学学研究，2020，38（11）：2029－2039.

[10] 张光曦．如何在联盟组合中管理地位与结构洞？——MOA 模型的视角 [J].管理世界，2013（11）：89－100，129.

[11] 中国科技部和财政部．关于印发《企业技术创新能力提升行动方

案 （2022—2023 年）》的通知 ［EB/OL］. (2022 – 08 – 05)［2024 – 10 – 18］. https： //www. most. gov. cn/xxgk/xinxifenlei/fdzdgknr/qtwj/qtwj2022/202208/ t20220815_181875. html.

［12］ 中国科学技术发展战略研究院. 国家创新指数报告 （2016—2017） ［M］. 北京：科学技术文献出版社，2017.

［13］ Aduard, Gouvea. Strategic implications of alliances and other linkages of leading telecom operators in brazil： Network and international perspectives ［J］. *Latin American Business Review*，2010，11 （1）：45 – 73.

［14］ Ahuja G，Lampert C M. Entrepreneurship in the large corporation： A longitudinal study of how established firms create breakthrough inventions ［J］. *Strategic Management Journal*，2001，22 （6 – 7）：521 – 543.

［15］ Anand, Khanna. Do firms learn to create value? The case of alliances ［J］. *Strategic Management Journal*，2000，21 （3）：295 – 315.

［16］ Andrevski. Competitives strategy and the alliance network formation： Understanding the origins of network positions ［J］. *Academy of Management Proceedings*，2009，3 （1）：1 – 6.

［17］ Andrevski G，Brass D J，Ferrier W J. Alliance portfolio configurations and competitive action frequency ［J］. *Journal of Management*，2013，42 （4）： 811 – 837.

［18］ Asgari N，Singh K，Mitchell W. Alliance portfolio reconfiguration following a technological discontinuity ［J］. *Strategic Management Journal*，2017， 38 （5）：1062 – 1081.

［19］ Bamford, Ernst. Managing an alliance portfolio ［J］. *The McKinsey Quarterly*，2002，3 （8）：25 – 35.

［20］ Batjargal B A T，Hitt M A，Tsui A S，et al. Institutional polycentrism，entrepreneurs' social networks，and new venture growth ［J］. *Academy of Management Journal*，2013，56 （4）：1024 – 1049.

［21］ Batjargal B. The effects of network's structural holes： Polycentric insti-

tutions, product portfolio, and new venture growth in China and Russia [J].
Strategic Entrepreneurship Journal, 2010, 4 (2): 146 – 163.

[22] Baum J A C, Calabrese T, Silverman B S. Don't go it alone: Alliance
network composition and startups' performance in Canadian biotechnology [J].
Strategic Management Journal, 2000, 21 (3): 267 – 294.

[23] Bourgeois L J. Strategy and environment: A conceptual integration
[J]. *Academy of Management Review*, 1980 (5): 25 – 39.

[24] Che Senik Z, Scott – Ladd B, Entrekin L, et al. Networking and in-
ternationalization of SMEs in emerging economies [J]. *Journal of International
Entrepreneurship*, 2011 (9): 259 – 281.

[25] Chung D, Kim M J, Kang J. Influence of alliance portfolio diversity
on innovation performance: The role of internal capabilities of value creation [J].
Review of Managerial Science, 2019 (13): 1093 – 1120.

[26] Cohen S K, Caner T. Converting inventions into breakthrough innova-
tions: The role of exploitation and alliance network knowledge heterogeneity [J].
Journal of Engineering and Technology Management, 2016, 40 (5): 29 – 44.

[27] Conybeare. The portfolio benefits of free riding in military alliances
[J]. *International Studies Quarterly*, 1994, 38 (3): 405 – 419.

[28] Cui A S, O'Connor G. Alliance portfolio resource diversity and firm in-
novation [J]. *Journal of Marketing*, 2012, 76 (4): 24 – 43.

[29] Cyert R M, March J G. *A Behavioral Theory of the Firm* [M]. Engle-
wood Cliffs, NJ: Prentice – Hall, 1963.

[30] Das T K, Teng B S. A resource-based theory of strategic alliances [J].
Journal of Management, 2000, 26 (1): 31 – 61.

[31] Deeds D L, Mang P Y, Frandsen M. The quest for legitimacy: A
study of biotechnology IPO's [J]. *Frontiers of entrepreneurship research*, 1997,
1 (1): 533 – 543.

[32] Degener P, Maurer I, Bort S. Alliance portfolio diversity and innova-

tion: The interplay of portfolio coordination capability and proactive partner selection capability [J]. *Journal of Management Studies*, 2018, 55 (8): 1386 – 1422.

[33] Dess G G, Lumpkin G T. The role of entrepreneurial orientation in stimulating effective corporate entrepreneurship [J]. *Academy of Management Perspectives*, 2005, 19 (1): 147 – 156.

[34] Dittrich, Duysters. Strategic repositioning by means of alliance networks: The case of IBM [J]. *Research Policy*, 2007, 36 (10): 1496 – 1511.

[35] Doz, Hamel. *Alliance Advantage: The Art of Creating Value through Partnering* [M]. Brighton: Harvard Business Press, 1998.

[36] Dyer J H, Kale P, Singh H. How to make strategic alliances work [J]. *Mit Sloan Management Review*, 2001, 42 (4): 37 – 43.

[37] Dyer, Singh, Kale. Splitting the pie: Rent distribution in alliances and networks [J]. *Managerial and Decision Economics*, 2008, 29 (2 – 3): 137 – 148.

[38] Elfring T, Hulsink W. Networks in entrepreneurship: The case of high-technology firms [J]. *Small business economics*, 2003 (21): 409 – 422.

[39] Fisher G, Neubert E. Evaluating ventures fast and slow: Sensemaking, intuition, and deliberation in entrepreneurial resource provision decisions [J]. *Entrepreneurship Theory and Practice*, 2023, 47 (4): 1298 – 1326.

[40] Freeman R E. Divergent stakeholder theory [J]. *Academy of Management Review*, 1999, 24 (2): 233 – 236.

[41] García – Quevedo J, Pellegrino G, Vivarelli M. R&D drivers and age: Are young firms different? [J]. *Research Policy*, 2014, 43 (9): 1544 – 1556.

[42] Gassmann O, Becker B. Towards a resource-based view of corporate incubators [J]. *International Journal of Innovation Management*, 2006, 10 (01): 19 – 45.

[43] George G, Howard – Grenville J, Joshi A, et al. Understanding and

tackling societal grand challenges through management research [J]. *Academy of Management Journal*, 2016, 59 (6): 1880 – 1895.

[44] George G, Zahra S A, Wheatley K K, et al. The effects of alliance portfolio characteristics and absorptive capacity on performance: A study of biotechnology firms [J]. *The Journal of High Technology Management Research*, 2001, 12 (2): 205 – 226.

[45] Goerzen, Beamish. The effect of alliance network diversity on multinational enterprise performance [J]. *Strategic Management Journal*, 2005, 26 (4): 333 – 354.

[46] Gomes – Casseres. Group versus group: how alliance networks compete [J]. *Harvard Business Review*, 1994, 72 (4): 62 – 66.

[47] Granovetter M. The problem of embeddedness [J]. *American Journal of Sociology*, 1985, 91 (3): 481 – 510.

[48] Greve H R. *Organizational Learning From Performance Feedback: A Behavioral Perspective on Innovation and Change* [M]. Cambridge: Cambridge University Press, 2003.

[49] Gulati, Higgins. Which ties matter when? the contingent effects of interorganizational partnerships on IPO success [J]. *Strategic Management Journal*, 2003, 24 (2): 127 – 144.

[50] Haeussler C, Patzelt H, Zahra S A. Strategic alliances and product development in high technology new firms: The moderating effect of technological capabilities [J]. *Journal of Business Venturing*, 2012, 27 (2): 217 – 233.

[51] Hallen B L. The causes and consequences of the initial network positions of new organizations: From whom do entrepreneurs receive investments? [J]. *Administrative Science Quarterly*, 2008, 53 (4): 685 – 718.

[52] Heimeriks, Klijn, Reuer. Building capabilities for alliance portfolios [J]. *Long Range Planning*, 2009, 42 (1): 96 – 114.

[53] Higgins M C, Gulati R. Getting off to a good start: The effects of up-

per echelon affiliations on underwriter prestige [J]. *Organization Science*, 2003, 14 (3): 244 –263.

[54] Hite J M. Evolutionary processes and paths of relationally embedded network ties in emerging entrepreneurial firms [J]. *Entrepreneurship Theory and Practice*, 2005, 29 (1): 113 –144.

[55] Hite J M, Hesterly W S. The evolution of firm networks: From emergence to early growth of the firm [J]. *Strategic Management Journal*, 2001, 22 (3): 275 –286.

[56] Hite J M. Patterns of multidimensionality among embedded network ties: A typology of relational embeddedness in emerging entrepreneurial firms [J]. *Strategic Organization*, 2003, 1 (1): 9 –49.

[57] Hitt M, Ireland R, Camp S, et al. Guest editors' introduction to the special issue strategic entrepreneurship: Entrepreneurial strategies for wealth creation [J]. *Strategic Management Journal*, 2001, 22 (6): 479 –491.

[58] Hoang H, Antoncic B. Network-based research in entrepreneurship: A critical review [J]. *Journal of Business Venturing*, 2003, 18 (2): 165 –187.

[59] Hoang H, Yi A. Network-based research in entrepreneurship: A decade in review [J]. *Foundations and Trends © in Entrepreneurship*, 2015, 11 (1): 1 –54.

[60] Hoang, Rothaermel. The effect of general and partner-specific alliance experience on joint R&D project performance [J]. *Academy of Management Journal*, 2005, 48 (2): 332 –345.

[61] Hoffmann. Strategies for managing a portfolio of alliances [J]. *Strategic Management Journal*, 2007, 28 (8): 827 –856.

[62] Jack S L. Approaches to studying networks: Implications and outcomes [J]. *Journal of Business Venturing*, 2010, 25 (1): 120 –137.

[63] Jack S L. The role, use and activation of strong and weak network ties: A qualitative analysis [J]. *Journal of Management Studies*, 2005, 42

(6): 1233 – 1259.

[64] Jacobides M G, Cennamo C, Gawer A. Towards a theory of ecosystems [J]. *Strategic Management Journal*, 2018, 39 (8): 2255 – 2276.

[65] Jarillo J C. On strategic networks [J]. *Strategic Management Journal*, 1988, 9 (1): 31 – 41.

[66] Jiang R J, Tao Q T, Santoro M D. Alliance portfolio diversity and firm performance [J]. *Strategic Management Journal*, 2010, 31 (10): 1136 – 1144.

[67] Kavusan K, Frankort H. A behavioral theory of alliance portfolio reconfiguration: Evidence from pharmaceutical biotechnology [J]. *Strategic Management Journal*, 2019, 40 (10): 1668 – 1702.

[68] Larson A, Starr J A. A network model of organization formation [J]. *Entrepreneurship Theory and Practice*, 1993, 17 (2): 5 – 15.

[69] Lavie. Alliance portfolios and firm performance: a study of value creation and appropriation in the US software industry [J]. *Strategic Management Journal*, 2007, 28 (12): 1187 – 1212.

[70] Lavie D, Stettner U, Tushman M L. Exploration and exploitation within and across organizations [J]. *The Academy of Management Annals*, 2010, 4 (1): 109 – 155.

[71] Lavie, Miller. Alliance portfolio internationalization and firm performance [J]. *Organization Science*, 2008, 19 (4): 623 – 646.

[72] Lechner C, Dowling M. Firm networks: External relationships as sources for the growth and competitiveness of entrepreneurial firms [J]. *Entrepreneurship & Regional Development*, 2003, 15 (1): 1 – 26.

[73] Leeuw T D, Lokshin B, Duysters G. Returns to alliance portfolio diversity: The relative effects of partner diversity on firm's innovative performance and productivity [J]. *Journal of Business Research*, 2014, 67 (9): 1839 – 1849.

[74] Letaifa S B, Goglio – Primard K. How does institutional context shape entrepreneurship conceptualizations? [J]. *Journal of Business Research*, 2016,

69 (11): 5128 – 5134.

[75] Marino, Strandholm, Steensma, et al. The moderating effect of national culture on the relationship between entrepreneurial orientation and strategic alliance portfolio extensiveness [J]. *Entrepreneurship Theory and Practice*, 2002, 26 (4): 145 – 160.

[76] McGill, Santoro. Alliance portfolios and patent output: The case of biotechnology alliances [J]. *IEEE Transactions on Engineering Management*, 2009, 56 (3): 388 – 401.

[77] Mouri, Sarkar, Frye. Alliance portfolios and shareholder value in post – IPO firms: The moderating roles of portfolio structure and firm-level uncertainty [J]. *Journal of Business Venturing*, 2012, 27 (3): 355 – 371.

[78] Muthusamy S K, White M A. Learning and knowledge transfer in strategic alliances: A social exchange view [J]. *Organization Studies*, 2005, 26 (3): 415 – 441.

[79] Oparaocha G O. SMEs and international entrepreneurship: An institutional network perspective [J]. *International Business Review*, 2015, 24 (5): 861 – 873.

[80] Ozcan, Eisenhardt. Origin of alliance portfolios: entrepreneurs, network strategies, and firm performance [J]. *Academy of Management Journal*, 2009, 52 (2): 246 – 279.

[81] Ozdemir U, Aktas Y O, Vuruskan A, et al. Design of a commercial hybrid VTOL UAV system [J]. *Journal of Intelligent & Robotic Systems*, 2014 (74): 371 – 393.

[82] Ozgen E, Baron R A. Social sources of information in opportunity recognition: Effects of mentors, industry networks, and professional forums [J]. *Journal of Business Venturing*, 2007, 22 (2): 174 – 192.

[83] Peng M W. Institutional transitions and strategic choices [J]. *Academy of Management Review*, 2003, 28 (2): 275 – 296.

[84] Rafiq S, Salim R, Smyth R. The moderating role of firm age in the relationship between R&D expenditure and financial performance: Evidence from Chinese and US mining firms [J]. *Economic Modelling*, 2016 (56): 122 – 132.

[85] Reuer, Ragozzino. Agency hazards and alliance portfolios [J]. *Strategic Management Journal*, 2006, 27 (1): 27 – 43.

[86] Richard H T, Sunstein C R. *Nudge: Improving Decisions About Health, Wealth, and Happiness* [M]. New Haven: Yale University Press, 2008.

[87] Rothaermel, Boeker. Old technology meets new technology: Complementarities, similarities, and alliance formation [J]. *Strategic Management Journal*, 2008, 29 (1): 47 – 77.

[88] Rothaermel, Deeds. Alliance type, alliance experience and alliance management capability in high-technology ventures [J]. *Journal of Business Venturing*, 2006, 21 (4): 429 – 460.

[89] Salancik G R, Pfeffer J. A social information processing approach to job attitudes and task design [J]. *Administrative Science Quarterly*, 1978, 23 (2): 224 – 253.

[90] Sarkar M B, Aulakh P S, Madhok A. Process capabilities and value generation in alliance portfolios [J]. *Organization Science*, 2009, 20 (3): 583 – 600.

[91] Semrau T, Werner A. How exactly do network relationships pay off? The effects of network size and relationship quality on access to start-up resources [J]. *Entrepreneurship Theory and Practice*, 2014, 38 (3): 501 – 525.

[92] Semrau T, Werner A. The two sides of the story: Network investments and new venture creation [J]. *Journal of Small Business Management*, 2012, 50 (1): 159 – 180.

[93] Slotte – Kock S, Coviello N. Entrepreneurship research on network processes: A review and ways forward [J]. *Entrepreneurship Theory and Practice*, 2010, 34 (1): 31 – 57.

[94] Soh P H. The role of networking alliances in information acquisition and its implications for new product performance [J]. *Journal of Business Venturing*, 2003, 18 (6): 727 -744.

[95] Spigel B. The relational organization of entrepreneurial ecosystems [J]. *Entrepreneurship Theory and Practice*, 2017, 41 (1): 49 -72.

[96] Subramanian A M, Soh P H. Linking alliance portfolios to recombinant innovation: The combined effects of diversity and alliance experience [J]. *Long Range Planning*, 2017, 50 (5): 636 -652.

[97] Uzzi B. The sources and consequences of embeddedness for the economic performance of organizations: The network effect [J]. *American Sociological Review*, 1996, 61 (4): 674 -698.

[98] Van de ven, Ganco & Hinings. Returning to the frontier of contingency theory of organizational and institutional designs [J]. *The Academy of Management Annals*, 2013, 7 (1): 393 -440.

[99] Vapola, Paukku, Gabrielsson. Portfolio management of strategic alliances: An international business perspective [J]. *International Business Review*, 2010, 19 (3): 247 -260.

[100] Vissa B. A matching theory of entrepreneurs' tie formation intentions and initiation of economic exchange [J]. *Academy of Management Journal*, 2012, 54 (1): 137 -158.

[101] Wang L, Zajac E J. Alliance or acquisition? A dyadic perspective on interfirm resource combinations [J]. *Strategic Management Journal*, 2007, 28 (13): 1291 -1317.

[102] Wassmer U. Alliance portfolios: A review and research agenda [J]. *Journal of Management*, 2010, 36 (1): 141 -171.

[103] Yamakawa, Yang, Lin. Exploration versus exploitation in alliance portfolio: Performance implications of organizational, strategic, and environmental fit [J]. *Research Policy*, 2011, 40 (2): 287 -296.